Chaque année un nouveau décor

En novembre et décembre, quand les jours sont trop courts et le ciel parfois très gris, nos traditions occidentales nous invitent à préparer Noël. Quatre semaines – la période de l'avent – qui sont un moment privilégié pour mettre la maison en fête et sublimer les objets du quotidien. Ainsi, vous surprendrez petits et grands par le décor chaleureux de la maison et cent petites attentions à distribuer à chacun.

Chacun peut participer aux préparatifs en apportant son enthousiasme, sa générosité, son imagination et sa créativité. L'attente du grand jour paraîtra moins longue aux enfants s'ils participent à la création de cartes, d'étoiles ou à la mise en place de la crèche.

Cette magie de Noël fascinera petits et grands. Il s'agit de créer de joyeuses surprises, un détail, une lumière, qui métamorphosent le quotidien. Ne serait-ce que pour quelques jours, ces attentions particulières apportent une diversion.
Cette date du 25 décembre qui correspond, à quelques jours près, au solstice d'hiver, fut choisie pour fêter la naissance du Christ. Cette tradition de Noël, qui a maintenant plus de deux mille ans, est toujours la fête du partage et de ce qui perdure.

Lors de la préparation de ce livre, nous avons pensé vous faire partager un émerveillement nourri d'idées et de créations nouvelles qui vous inciteront à ouvrir votre maison, ainsi embellie, à votre famille et à vos amis dans la joie, la paix, la sérénité et la lumière.

Parmi les créations proposées, vous opterez pour l'une ou l'autre en fonction de vos traditions, de vos goûts et de vos couleurs préférées, ainsi que de vos trésors déjà accumulés, lesquels pourront être recyclés, rénovés, complétés.

Vous découvrirez des sapins et des crèches, et des créations conçues pour que la lumière circule aux quatre coins de la maison sous les formes les plus diverses. Les fenêtres s'ornent de découpages et ribambelles. Les portes et les tables se parent de couronnes ainsi que les plafonds. Anges, Rois mages et oursons, accompagnés d'oiseaux animent l'ouvrage.

Hélène Leroux-Hugon • Juliette Vicart

Pour un Joyeux Noël

décors et cadeaux à faire soi-même

EDITIONS OUEST-FRANCE

Nous remercions Xavier
pour sa patience et la qualité
de ses photographies.
Nous remercions Dominique
et Joseph pour leur accueil.

Édition : Catherine Dandres Franck
Assistée de Camille Ernouf et Faustine Julin
Conception, mise en pages et couverture : Isabelle Chêne
Dessins techniques : Siegfried Leroux

Editions Ouest-France, Rennes
N° d'éditeur : 4912.01.08.10.05
I.S.B.N. : 2.7373.3712.7

Photogravure : Microlynx, Rennes
Imprimé en France
par Mame Imprimeurs, à Tours (37)
Dépôt légal : octobre 2005

À tous ceux
que nous aimons.
À Nouba
et Siméon.

Sommaire

1

Idée déco : installée dans une grande jarre ou accrochée au plafond, là où la lumière révèle la transparence, cette branche est très décorative, vous aurez peut-être envie de la garder toute l'année.

Branche de gui décorée

Décor

Temps : moins de 2 h
Coût : peu coûteux
Niveau de difficulté : facile

Matériel

* une jolie branche d'arbre ou de gui
* une pièce de tarlatane blanche et bleu clair
* un tube de pâte gonflante perlée blanche
* quelques feuilles de gui artificiel
* une bobine de fil de laiton argenté de 0,3 mm
* quelques trombones

Réalisation

Dans la tarlatane, découpez 20 anges et 20 cœurs selon les schémas de la page 86. Soulignez les silhouettes obtenues par des pointillés de pâte gonflante d'un côté, puis de l'autre, en prenant soin de les laisser sécher sans les poser.

Composez les guirlandes en alternant anges, cœurs et feuilles de gui sur le fil de laiton.
Installez ces guirlandes en les enroulant souplement sur la branche.

Cadeau

Carnet de rêves

en feutre décoré

1

Dans la pièce de feutre, coupez pour la couverture un rectangle légèrement supérieur à la taille du carnet ouvert. Encollez la couverture du carnet avec de la colle pour textile un côté à la fois.

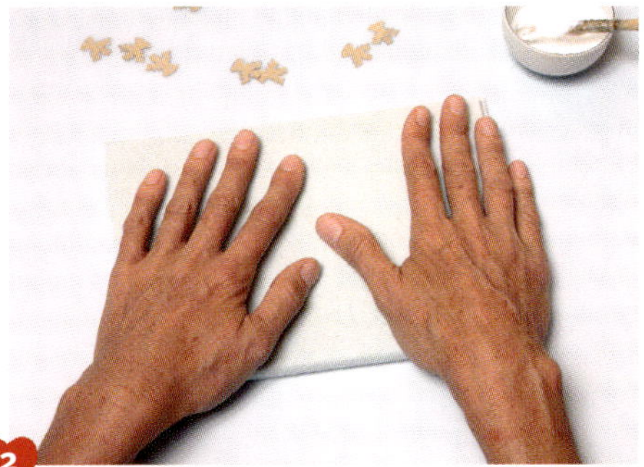

2

Repliez le feutre sur la couverture, appuyez et lissez.

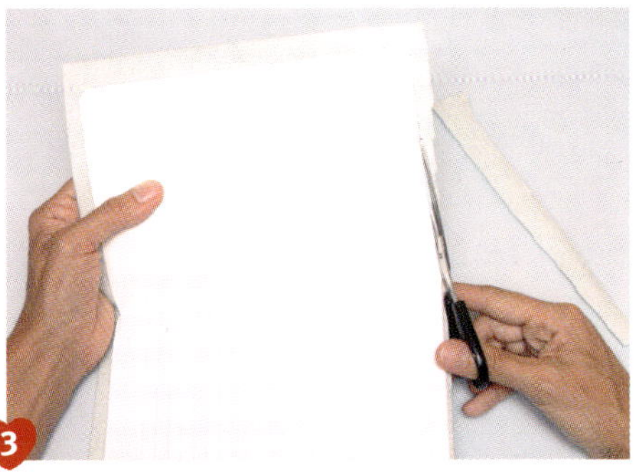

3

Découpez l'excédent de feutre au ras des bords de la couverture du carnet.

4

Disposez, puis collez les sequins sur la couverture du carnet avec la colle à passementerie. Ornez la couverture de pâte gonflante et laissez sécher 24 heures.

Temps : moins de 1 h
Coût : peu cher
Niveau de difficulté : facile

Matériel

* un carnet ou petit cahier
* une pièce de feutre de 20 cm sur 30
* quelques sequins
* un ou deux tubes de pâte gonflante
* un tube de colle pour passementerie
* un pot de colle pour textile
* un pinceau brosse
* une paire de ciseaux

Si vous découvrez l'utilisation de la pâte gonflante, reportez-vous aux conseils page 83.

Boules aux ailes

Décor d'anges sur sapin en rondins

Temps : moins de 2 h
Coût : peu coûteux
Niveau de difficulté : facile

Matériel

* un sapin en rondins de bouleau
* quelques boules transparentes et argentées de différentes tailles
* quelques feuilles de papier Ingres blanc et de papier argenté
* des perforeuses à motifs de ronds et d'étoiles
* une paire de ciseaux
* une paire de ciseaux à cranter
* un tube de colle forte
* un tube de pâte gonflante argentée

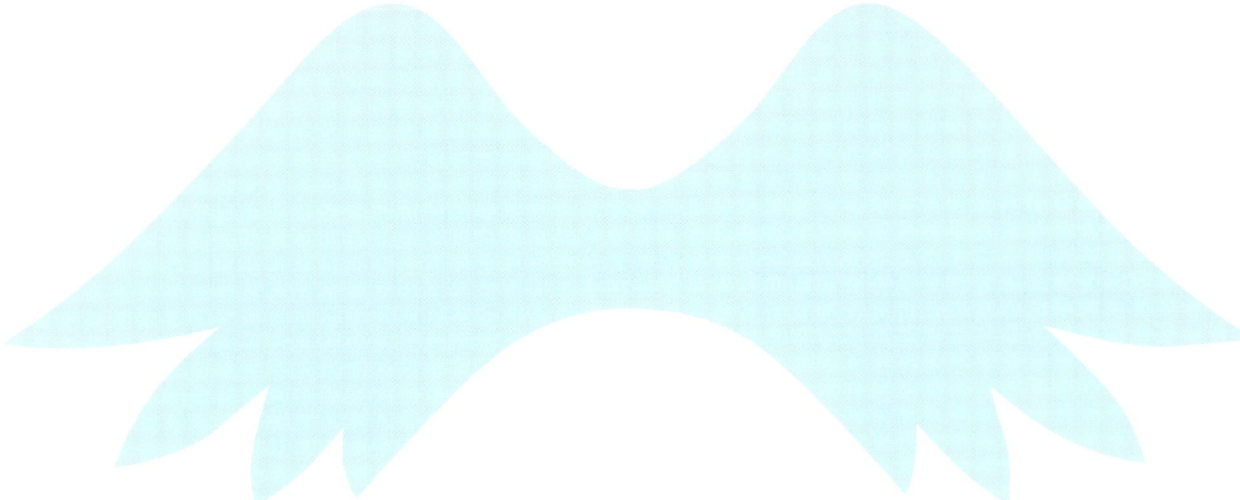

Réalisation

Les ailes

Dans la feuille de papier Ingres blanc, découpez les petites ailes et les plus grandes en vous aidant des dessins de la page 87. Avec les perforeuses et selon votre inspiration, percez des motifs sur toute la surface des ailes.

Les bandes

Dans la feuille de papier Ingres, découpez des bandes de 2 cm sur 20 cm environ avec une paire de ciseaux à cranter.
Dans le papier argenté, découpez des bandes de 2 cm sur 25 cm, puis percez des motifs en conservant les étoiles dans le réservoir de la perforeuse.

Collez ces bandes sur le diamètre horizontal ou vertical de la boule, en les croisant éventuellement.
Ajoutez les ailes sur la bande de papier à l'arrière de chaque boule avec un point de colle.
Enfin, récupérez les petites étoiles pour les coller, complétez par des petits points de pâte gonflante argentée sur la surface des boules grises.
Accrochez les boules décorées de papier avec du fil de nylon en les répartissant sur les rondins qui forment les branches du sapin. Ajoutez des petites boules blanches et argentées ici et là. Composez une grappe de petites boules argentées, et fixez-la au sommet du sapin. Placez et collez quelques ailes supplémentaires aux extrémités des branches, et trois grandes au sommet du sapin.

Idée déco : blanches et argentées ces boules se marient merveilleusement aux nuances des branches de bouleau.

Un petit sapin aux boules habillées de feutrine

Décor

Temps : moins de 2 h
Coût : peu coûteux
Niveau de difficulté : moyen

Matériel

* un sapin en rondins de bouleau
* quelques boules transparentes et argentées de différentes tailles
* quelques feuilles de papier Ingres blanc et de papier argenté
* des perforeuses à motifs de ronds et d'étoiles
* une paire de ciseaux
* une paire de ciseaux à cranter
* un tube de colle forte
* un tube de pâte gonflante argentée

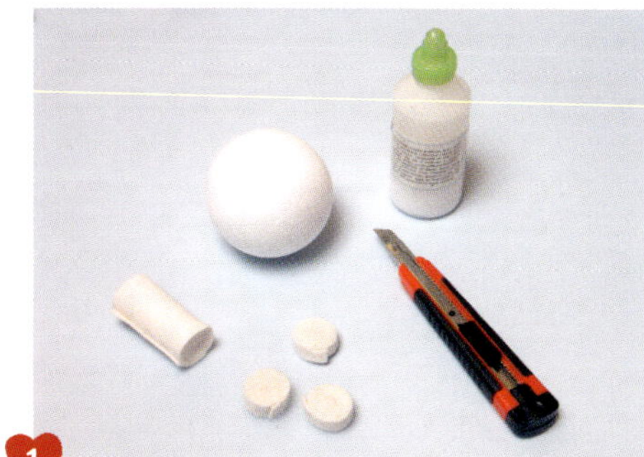

1

Pour chaque boule

Encollez légèrement une pièce de feutre de 20 cm par 30 cm que vous allez enrouler sur elle-même en serrant fortement, de façon à former un rouleau de 30 cm de large.

Laissez sécher, puis avec le cutter, coupez dans ce rouleau des tranches de 1 cm de large en vous appuyant sur une plaque de découpe.

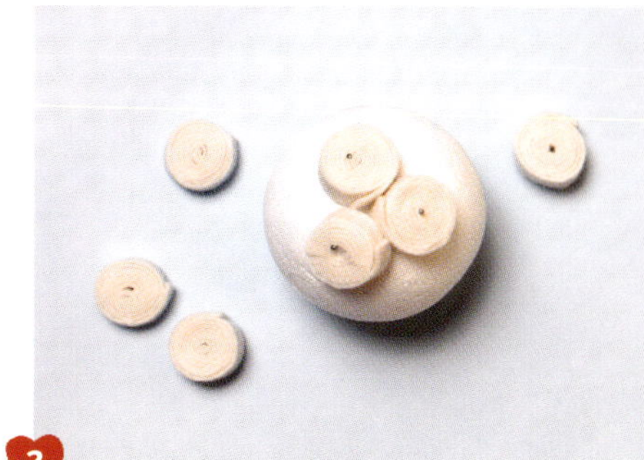

2

Encollez progressivement la boule de polystyrène et fixez les rondelles de feutre en les maintenant avec des épingles. Laissez sécher.

3

Terminez en piquant des fleurs, des baies ou des feuilles entre les cercles de feutre.

Idée déco : accrochez ces grosses boules sur le petit sapin, et faites courir sur les branches des guirlandes de 5 mm de large que vous aurez découpées dans le feutre.

Temps : plus de 2 h
Coût : peu coûteux
Niveau de difficulté : moyen

Matériel

* une guirlande de sapin synthétique
* 6 boules de polystyrène de 8 cm de diamètre
* une pièce de feutrine écrue de 60 cm en 90 cm de large
* des rubans de satin de 3 mm de large : gris, vert clair, mauve, bleu clair et turquoise, 80 cm de chaque couleur
* des tubes de pâte gonflante nacrée de même couleur
* quelques sequins en forme de cœur, fleur, cristaux de neige, oiseaux
* un pot de colle pour textile
* un tube de colle à passementerie
* une boîte d'épingles
* un crayon
* une feuille de carton format A4

Branche de

1 Divisez les boules par un trait de crayon, en quatre quartiers égaux. Prenez les mesures d'un quartier, et reportez-les sur une feuille de carton pour obtenir un gabarit. Découpez la feutrine avec ce gabarit et collez chaque forme obtenue sur la boule en suivant les tracés et en évitant de déformer la feutrine.

2 Éliminez les faux plis tout simplement en les pressant pendant la prise de la colle.

Idée déco : vous pouvez ajouter à volonté des étoiles et des petites bottes décorées dans le même style.

Décor

sapin aux "boules-de-neige"

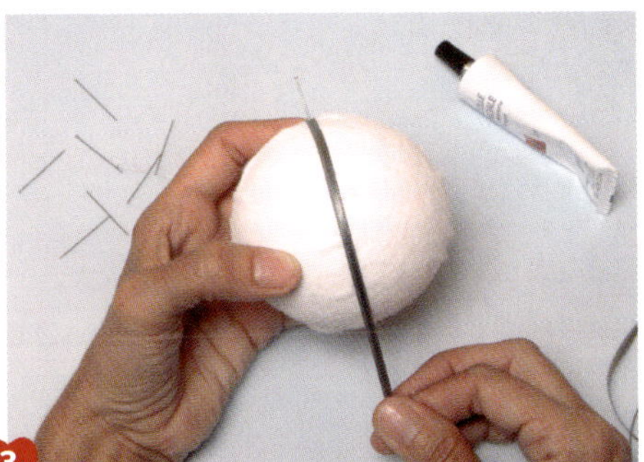

3

Posez un ruban de satin pour cacher les raccords de feutrine et fixez-le par des points de colle à passementerie, notamment sur sa jonction.

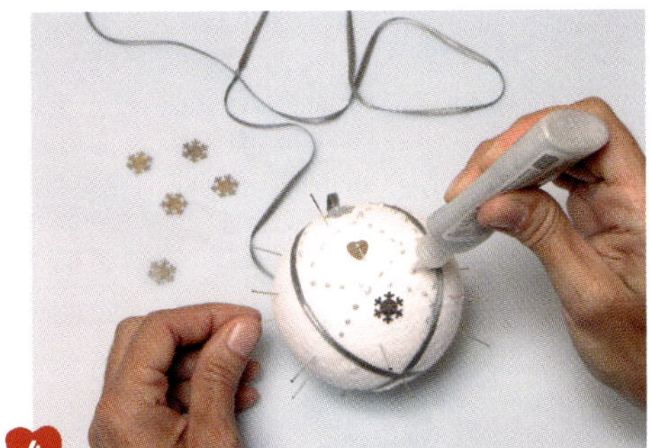

4

Pour compléter la décoration des boules, collez les sequins, et ajoutez des points de pâte gonflante.
Pour éviter d'aplatir la pâte avant séchage, laissez reposer les boules sur quelques épingles piquées à la manière d'un trépied.
Laissez sécher 24 heures.

6

Accrochez les boules sur la guirlande de sapin le moment venu.

Temps : 1/4 d'heure
Coût : peu coûteux
Niveau de difficulté : facile

Matériel

- quelques flûtes à champagne en verre
- une petite soucoupe
- un pot de peinture blanche opaque spéciale pour porcelaine et faïence
- quelques disques de coton à démaquiller
- un pinceau fin
- un morceau de film adhésif transparent repositionnable
- une paire de ciseaux fins

Sapins
givrés sur flûtes à champagne

Cadeau

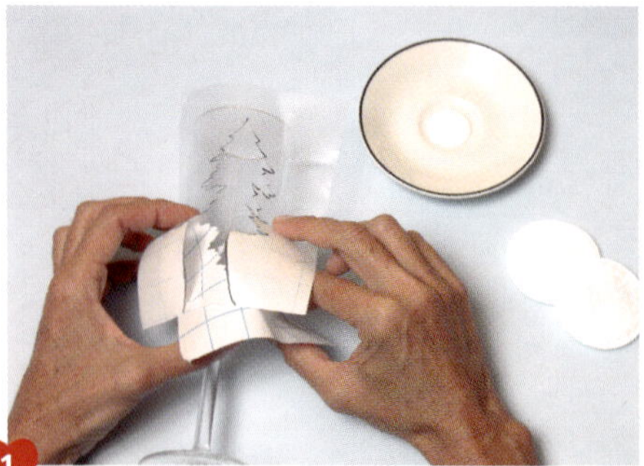

1

Dans le film d'adhésif transparent, découpez le motif du sapin puis appliquez-le sur la flûte en commençant par le bord supérieur.

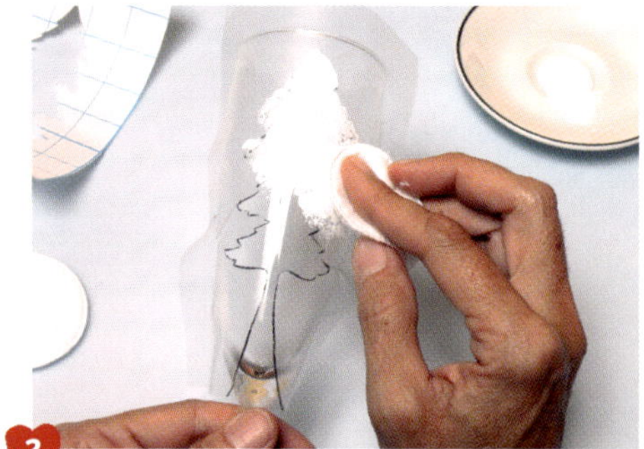

2

Versez un peu de peinture dans une soucoupe, et appliquez le pochoir obtenu sur la flûte. Imbibez légèrement le disque de coton dans la peinture puis tamponnez régulièrement sur la surface évidée du pochoir.

3

Retirez soigneusement le pochoir avant que la peinture sèche. Terminez en plaçant des petits points sur toute la surface de la coupe avec le pinceau fin pour imiter des flocons de neige.

Bouquet de boules de verre décorées de dentelle

Décor

Temps : 1 h
Coût : moyen
Niveau de difficulté : facile

Matériel

* 8 m de fil de fer galvanisé blanc de 4 mm de diamètre
* boules de verre transparentes : 4 de 12 cm de diamètre, 8 de 8 cm, et 10 de 5 cm
* dentelle ou guipure rouge et vert anis
* un vase transparent
* une bobine de fil de nylon
* des billes de verre transparentes
* un tube de colle cyanolyte en gel

Idée décor : suspendez les boules ici et là avec le fil de nylon. Vous obtenez ainsi un bouquet étonnant, transparent et coloré, dépouillé, à tenir hors de portée des enfants.

Réalisation

Découpez les plus jolis motifs de la dentelle ou la guipure, puis collez-les sur les boules avec la colle gel cyanolyte. Versez les billes dans le vase transparent. Pliez en zigzag des segments de fil de fer galvanisé de 80 cm de long, et piquez-les dans les brisures de verre.

Petits sapins stylisés

Décor

Temps : moins de 2 h
Coût : peu coûteux
Niveau de difficulté : moyen

Matériel

pour des sapins de 27 cm de haut sur 25 à 30 cm de large

* une plaque de carton plume de 3 mm d'épaisseur
* une feuille de papier-calque
* un crayon gras
* un cutter ou un scalpel
* un pot de peinture acrylique vert japon ou anis mat
* un pot de peinture acrylique rouge vermillon mat
* un petit rouleau à peindre

Réalisation

Sur la feuille de papier-calque, dessinez les deux parties du sapin en suivant le schéma de la page 88, puis reportez ces deux silhouettes sur la plaque de carton plume. Procédez à la découpe des deux parties du sapin avec un scalpel.

Ouvrez soigneusement la fente du milieu, indiquée sur le dessin page 88, elle sert à emboîter les deux parties, et à donner une stabilité au volume.

Peignez les deux côtés de chaque partie du sapin avec de la peinture acrylique vert anis ou rouge vermillon. Laissez sécher avant d'assembler les deux parties en les emboîtant.

Pour obtenir un sapin plus grand ou plus petit, réduisez ou agrandissez le patron à votre convenance à l'aide d'une photocopieuse.

Idée déco : placez les sapins selon votre fantaisie, en chemin de table ou regroupés sur la cheminée.

Fleurs de feutrine pour paquets cadeaux hauts en couleurs

Matériel

* de jolies boîtes rectangulaires
* quelques feuilles de papier cadeau de couleurs vives
* larges rubans de satin ou de bolduc aux couleurs assorties
* quelques fleurs de feutre de même couleur

Temps : moins de 1 h
Coût : peu coûteux
Niveau de difficulté : facile

Réalisation

Emballez vos paquets, puis coupez de larges rubans de satin ou de bolduc soit en prévoyant des nœuds, soit aux dimensions mêmes du paquet.

Les fleurs de feutres sont adaptées à la seconde solution. Après avoir coupé les rubans, enfilez les fleurs achetées toutes faites ou découpées par vous-mêmes. Choisissez bien les couleurs et réglez leur position, le tour est joué.

Idée cadeau : vous pourrez les récupérer pour d'autres usages en boucle de ceinture, par exemple.

Sapin de lumière

Temps : plus de 2 h
Coût : moyen
Niveau de difficulté : moyen

Matériel

* 2 planches de carton mousse ou plume de 100 cm sur 70 cm de largeur
* une guirlande lumineuse blanche de 100 ampoules rondes
* une pièce de feutrine rouge de 160 cm et 120 cm de largeur
* 3 tasseaux de bois de 4 cm de côté sur 92 cm
* 2 tasseaux de bois de 4 cm sur 140 cm
* un emporte-pièce de 1 cm de diamètre
* 6 équerres de renfort et 12 vis à bois
* une bombe de colle multi usage
* un pot de colle à bois

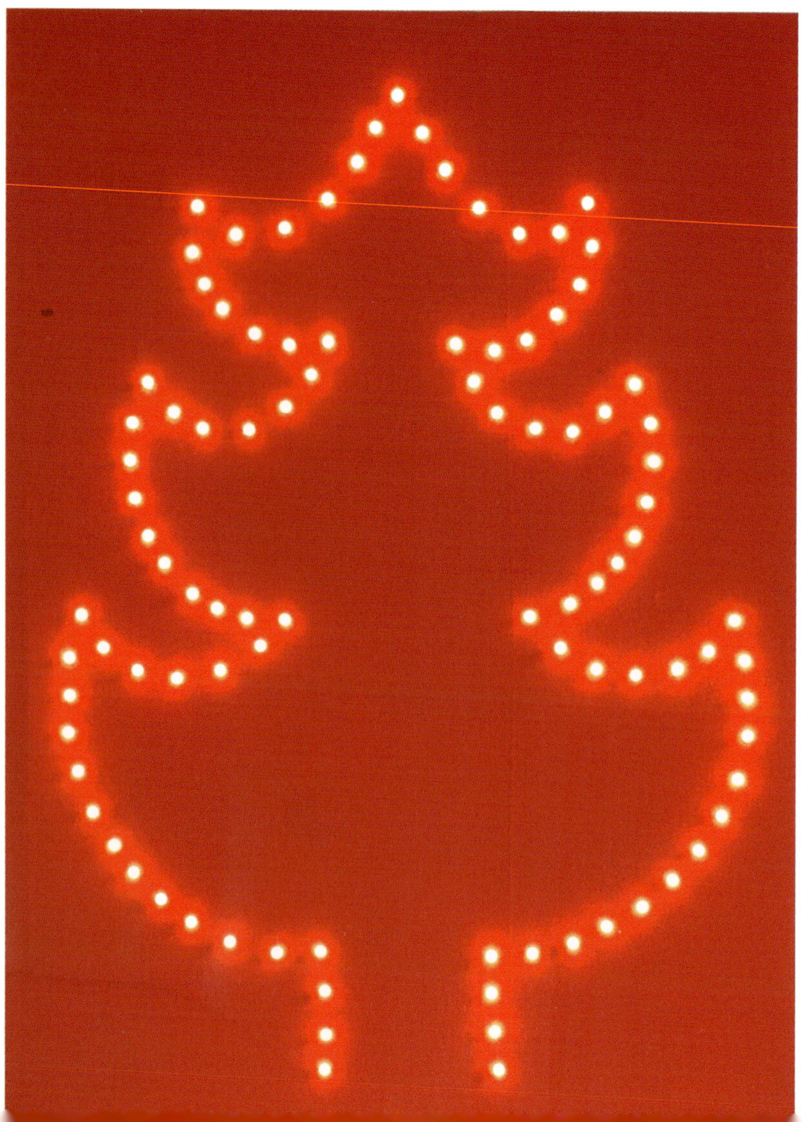

Réalisation

Assemblez les quatre tasseaux pour former un cadre de 100 cm sur 140 cm en le fixant avec les équerres de renfort que vous visserez. Collez le carton plume sur ce cadre avec la colle à bois.

Vaporisez la colle en bombe sur le carton plume pour appliquer la feutrine rouge en commençant par le centre du rectangle de manière à tendre la feutrine vers les bords du cadre. Rabattez la feutrine sur le bord du tableau et fixez-la à l'agrafeuse.

Au dos du panneau de carton, tracez les lignes médianes, l'une horizontale et l'autre verticale, puis dessinez soigneusement la silhouette du sapin.

Posez le panneau sur le sol, et à l'aide de l'emporte-pièce percez des trous destinés au passage des petites douilles. Répartissez-les tous les 5 cm en suivant la forme du sapin.

Préparez la guirlande en retirant les ampoules une à une pour introduire chaque petite douille de la guirlande lumineuse dans les perforations, puis sur le côté garni de feutrine rouge, replacez les ampoules.

Boules
et friandises sur trois couronnes

Décor & Cadeau

Temps : moins de 2 h
Coût : peu cher
Niveau de difficulté : moyen

Matériel

* médium ou contreplaqué d'environ 6 mm d'épaisseur
* 4 boîtes d'étoiles de plastique de 10 cm de large
* 4 boîtes de boules de plastique de 10 cm de diamètre
* 8 boîtes de boules de plastique de 6 cm de diamètre
* 10 m de ruban de satin rouge de 5 mm de large
* une perceuse électrique
* 4 cannes en sucre d'orge
* 12 sucettes plates et rondes colorées
* 18 papillotes vertes, jaunes, et rouges
* 30 mini sucres d'orge enveloppés de papier métallique de couleur
* environ 1 kilo de bonbons très colorés
* 24 perles rouges de 1 cm de diamètre

Réalisation

Trois couronnes de bois percées de 8 trous dans lesquels passe un solide ruban rouge pour suspendre le tout.

Des sachets de friandises et des cannes de sucre d'orge, différentes sucettes de couleurs animent joyeusement cette suspension.

Idée déco : accrochées à l'anneau non utilisé d'un plafonnier, ces couronnes garnies de boules et de friandises feront la joie des enfants.

2

Chandelier à pampilles

Décor

Temps : moins de 2 h
Coût : peu coûteux
Niveau de difficulté : facile

Matériel

* un vieux chandelier de bois à deux branches munies de douilles
* 2 ampoules en forme de flammes de 25 watts
* plusieurs coupelles à pampilles en plastique transparent
* une feuille de papier de verre
* un pot de peinture acrylique mate gris clair
* un pinceau

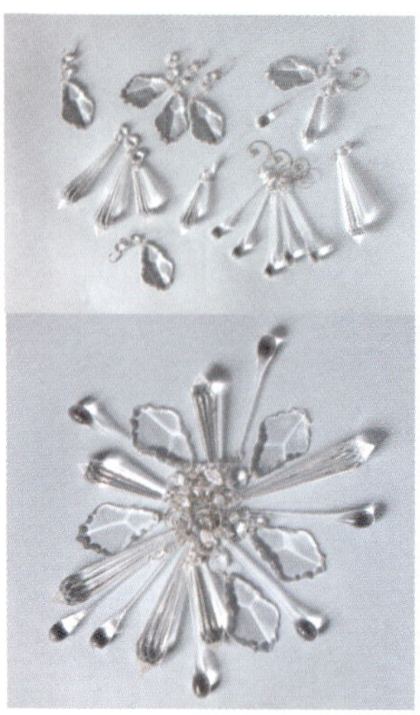

Réalisation

Poncez soigneusement le bois du chandelier, puis peignez-le avec de la peinture mate, gris clair. Placez des petites coupelles à pampilles en plastique sur les douilles. Vissez les ampoules en forme de flammes.

Démontez quelques pampilles des coupelles pour les placer sur les branches.

Idée déco : placé dans une petite niche ou sur un meuble, entouré de neige synthétique et de jacinthes blanches, ce chandelier apporte une note douce et désuète à votre intérieur.

Des lumignons dans une boîte à lumière

Décor & Cadeau

Idée déco : placés dans une petite vitrine de bois préparée spécialement pour cet usage, ces lumignons seront mis en valeur et hors de portée des jeunes enfants.

Temps : moins de 1 h
Coût : peu coûteux
Niveau de difficulté : facile

Matériel

* quelques verres transparents d'environ 6 cm de haut
* 4 feuilles de papier de soie dans des tons d'opaline : bleu clair, vert d'eau, turquoise, vert anis
* une feuille de carton fin format A4
* un flacon de vernis-colle
* un pinceau brosse
* une paire de ciseaux
* quelques petites feuilles végétales synthétiques
* un pot de peinture acrylique tout support et un tube de cerne relief or
* quelques trombones
* un sachet de bougies chauffe-plat

Réalisation

Recouvrez les petits verres de vernis-colle et appliquez délicatement le papier de soie bleu. Laissez sécher.

Collez les petites feuilles végétales synthétiques autour de chaque verre, puis agrémentez le bord supérieur et la base du verre d'un liseré de peinture or pour tout support.

Complétez par des petits points disposés sur les mêmes emplacements avec le tube de cerne relief.

Laissez sécher une heure et placez la bougie chauffe-plat dans chacun de ces lumignons aux douces couleurs d'opaline.

Idée déco : placez ces lumignons un peu partout dans la maison, ceci en tenant compte de la présence ou non de jeunes enfants.

Temps : moins de 1 h
Coût : peu coûteux
Niveau de difficulté : facile

Matériel

* quelques verres transparents d'environ 6 cm de haut
* une pièce de tarlatane blanche
* une pièce de tarlatane bleu clair
* une bobine de fil à broder doré
* une bobine de fil blanc
* un sachet de sequins or et argent
* quelques tubes de pâte gonflante nacrée, or, argent, blanc, et bleu clair
* un tube de colle à passementerie
* une feuille de carton format A4
* un sachet de bougies chauffe-plat
* une machine à coudre (facultatif)

Lumignons de tarlatane

Décor

1

Préparez le patron du verre, en découpant un gabarit au volume du verre. Vous l'obtenez facilement en enroulant la feuille de carton autour du verre pour découper soigneusement la forme obtenue.

Pliez la pièce de tarlatane en deux et coupez-la à 0,5 cm du bord du patron pour permettre la couture du raccord.

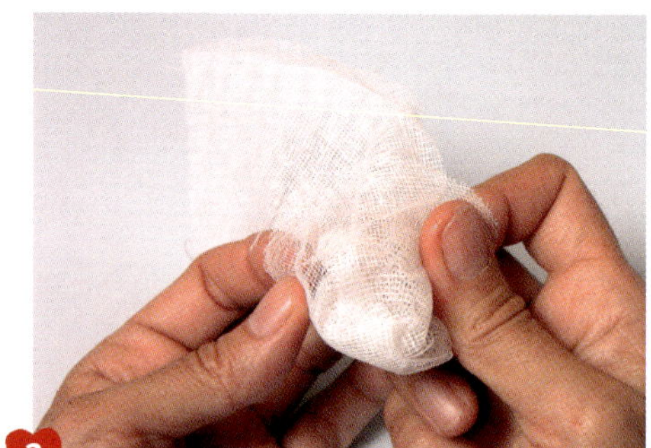

2

Piquez un point zigzag sur les bords supérieurs et inférieurs à 0,5 cm.

3

Retournez la tarlatane sur l'endroit.

Décorez chaque « habillage » de points de broderie réalisés avec un fil doré, si votre machine le permet, sinon optez pour un point zigzag ou de bourdon.

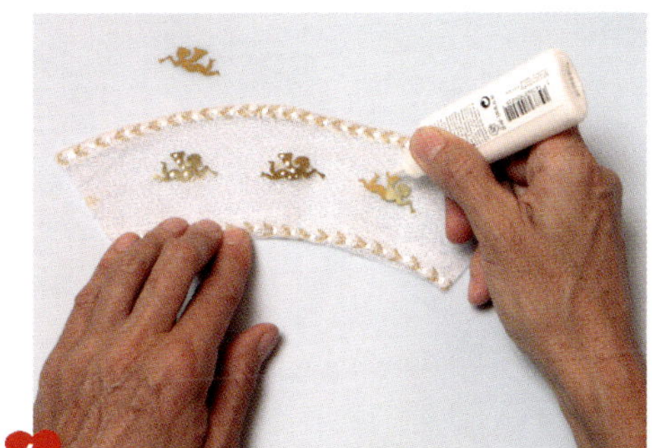

4

Collez les sequins avec la colle à passementerie.

5

Faites la couture de côté, et placez votre verre dans son habit de tarlatane.

Posez la bougie chauffe-plat.

Il est possible de remplacer les broderies par des décors de pâte gonflante.

Lumignons blancs à cœurs rouges

Décor

Temps : moins de 30 min
Coût : peu coûteux
Niveau de difficulté : facile

Matériel

* quelques verres transparents d'environ 6 cm de hauteur
* un sachet de bougies chauffe-plat
* une feuille de papier de soie blanc
* une feuille de papier machine blanc, format A4
* une feuille de papier rouge en 180 g, format A4
* une feuille de carton fin de format A4
* un tube de pâte gonflante rouge
* un flacon de vernis-colle
* un pinceau brosse
* une paire de ciseaux
* une paire de ciseaux à cranter
* une perforeuse à motif en forme de cœur
* quelques trombones

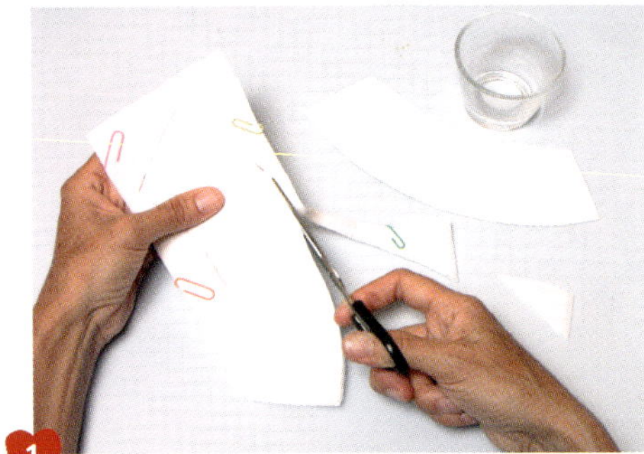

1 Commencez par découper un gabarit au volume du verre. Vous l'obtenez en enroulant la feuille de carton sur le verre et en découpant la forme obtenue. Prenez ce gabarit pour découper le papier de soie blanc.

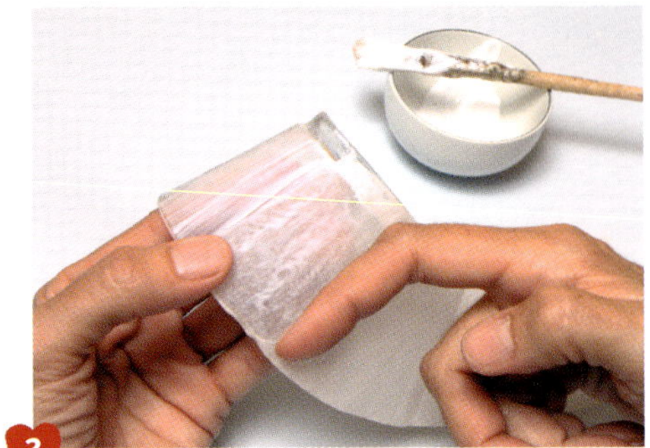

2 Enduisez chaque verre de vernis-colle puis appliquez délicatement le papier de soie en évitant les faux plis.

5 Collez ces deux bandes à l'endroit voulu.

6 Découpez des cœurs avec la perforeuse et collez-les sur le verre à intervalles réguliers.

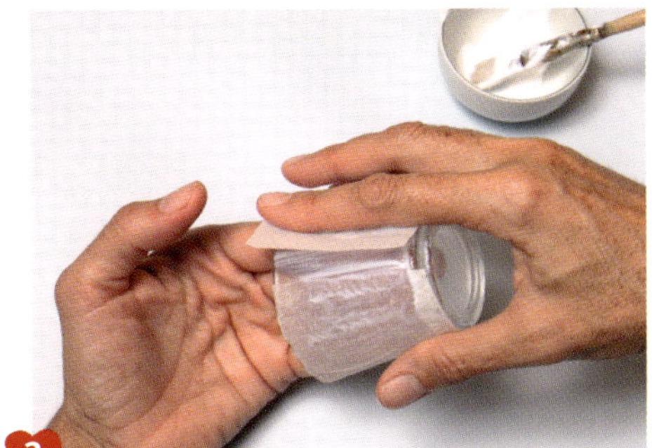

3

Laissez sécher 15 minutes ou suivez cette astuce : passez un fer à repasser réglé à basse température sur le papier déjà appliqué, vous n'aurez aucun faux pli.

4

Prenez vos ciseaux à cranter pour découper dans le papier machine deux bandes de 0,5 cm de large l'une à la dimension du pourtour supérieur, l'autre à la dimension du pourtour inférieur.

Idée déco : remarquez comme la lumière de la bougie est mise en valeur par la transparence du papier de soie.

7

Décorez le bord du verre et sa base avec des points de pâte gonflante rouge.

Procéder à des essais pour bien maîtriser le débit du tube de pâte gonflante n'est pas inutile.
Une fois cette opération terminée, laissez sécher 1 heure.

Photophore aux cœurs

Temps : 30 min environ
Coût : peu coûteux
Niveau de difficulté : moyen

Matériel

* une feuille de carton blanc à petites cannelures
* une feuille de papier-calque rouge de 200 g, en format raisin si possible
* un tampon en forme de cœur
* un tampon encreur à encre blanche
* un pot de poudre à embosser blanche
* une bombe de colle multi usages
* un plioir
* une règle graduée
* un cutter
* une perforeuse
* une paire de ciseaux
* une bougie chauffe-plat

Il existe un nombre infini de tampons à imprimer, la fenêtre peut être découpée à la forme du motif imprimé.

1

Dans le carton découpez un rectangle de 12 x 42 cm, puis un autre de 12,5 x 42,5 cm dans le papier-calque rouge. Rainez-les et pliez-les tous les 10,5 cm, de façon à obtenir quatre faces.

2

Sur chacune des quatre faces du carton, découpez une fenêtre en forme de cœur. Cette ouverture doit être un peu plus grande que le motif du tampon que vous utiliserez pour le motif.

4

Avant d'utiliser le tampon, procédez à quelques essais sur une chute de papier-calque. Encrez le tampon à imprimer en l'appuyant doucement sur l'encreur. Appliquez-le au centre de chaque fenêtre image.

5

Sur les empreintes de tampon, déposez de la poudre à embosser, puis chauffez avec un séchoir à cheveux réglé sur une faible ventilation afin de faire gonfler l'encre.

Décor & Cadeau

imprimés

3

Collez le carton sur la bande de papier-calque rouge en vaporisant de la colle, sans oublier de laisser dépasser en haut la marge de 0,5 cm de papier-calque rouge.

6

Percez un trou à chacune des extrémités, en haut et en bas, du grand rectangle. Joignez les quatre faces avec un ruban rouge ou blanc que vous aurez fait passer par les petits trous. Déposez une bougie chauffe-plat au centre du photophore.

Idée déco : imaginez une série de photophores alignés sur une nappe blanche, ce serait vraiment très joli, et tellement chaleureux pour accueillir vos invités.

Temps : plus de 2 h
Coût : moyen
Niveau de difficulté : plutôt difficile

L'ange

Matériel

* une feuille de polypropylène bleu clair
* une feuille de métal à repousser doré
* une boule de polystyrène de 9 cm de diamètre
* un sachet de plumes blanches
* une pièce de feutrine blanche de 20 cm en 90 de large
* une pièce de tarlatane blanche de 20 cm en 90 de large
* une pièce d'organdi bleu pâle de 50 cm en 90 de large
* une feuille de papier de soie blanc
* un pot de vernis-colle
* une bobine de fil de fer galvanisé blanc
* une bobine de fil blanc
* une aiguille, un stylo à bille usagé
* un tube de colle pour textiles
* un tube de colle cyanolyte en gel

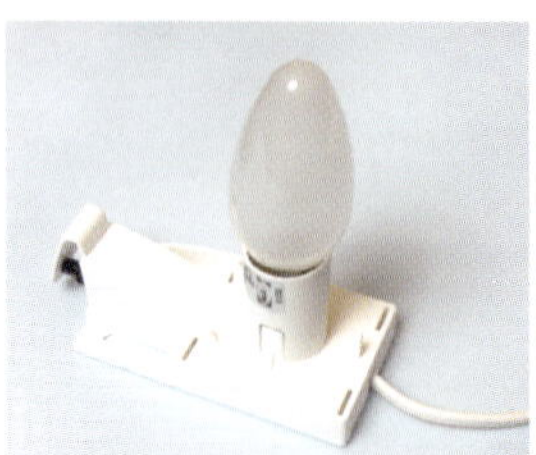

Le corps

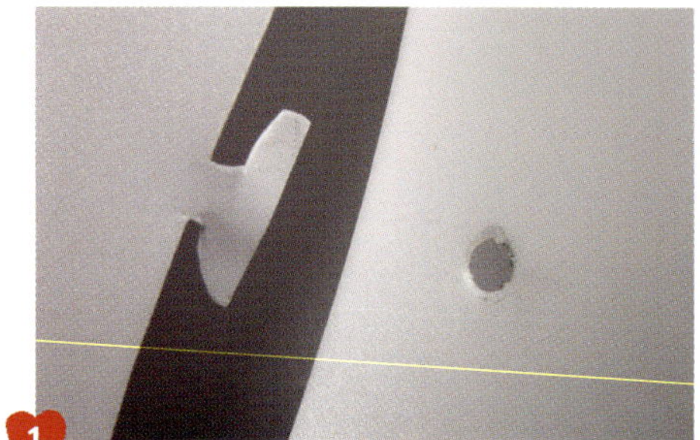

1 Dans la feuille de polypropylène, découpez un demi-cercle selon le schéma de la page 89.

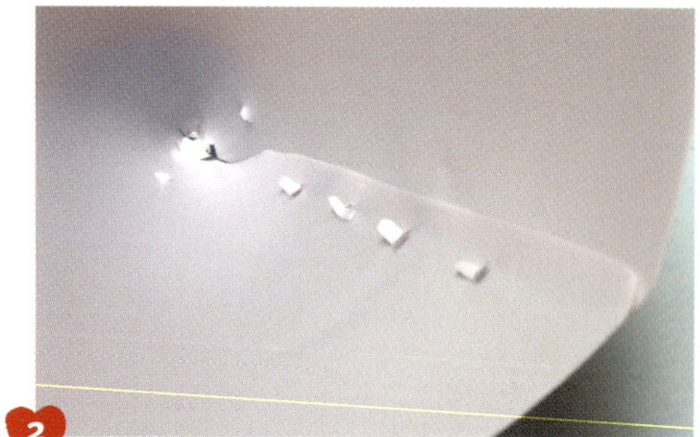

2 Formez un cône en utilisant les languettes et les boutonnières prévues à cet effet.

La robe

4 Dans l'organdi bleu pâle, découpez la robe en utilisant le patron de la page 89, puis ourlez les bordures du dos, du bas, et du col. Selon les tracés du patron, formez quelques plis « religieuse » sur le devant.

5 Vous pouvez l'agrémenter davantage avec des broderies, ou poser des rubans de dentelle blanche.

Décor

veilleuse

Les ailes

3a

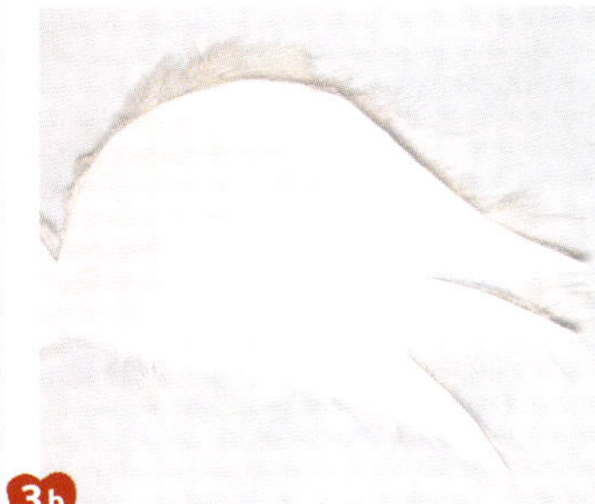

3b

3c

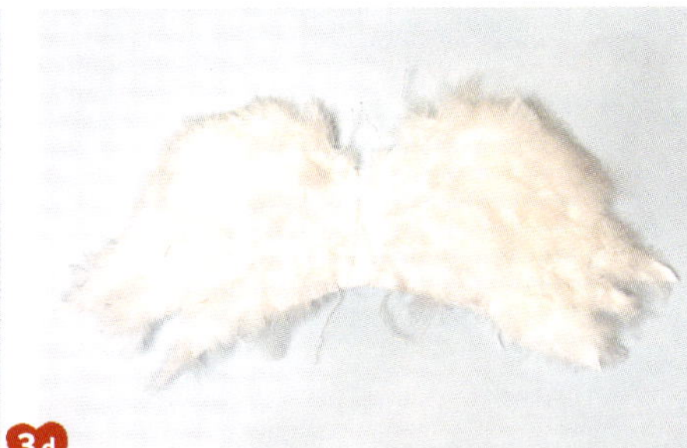

3d

a. Dans la feutrine blanche ainsi que dans la tarlatane, découpez les ailes selon le patron de la page 89. Cousez les plumes sur la tarlatane en les plaçant de façon à imiter des ailes d'oiseaux.

b. Au dos des ailes, sur la tarlatane, attachez les fils de fer galvanisé en suivant les tracés du patron.

c. Collez la tarlatane emplumée et armée sur la feutrine blanche avec la colle pour textile.

d. Les ailes terminées et déployées.

La tête

6

Pour former la tête, encollez la boule de polystyrène de vernis-colle et recouvrez-la de papier de soie blanc. Déposez sur la tête de l'ange quelques gouttes de colle cyanolite en gel, et placez-la au sommet du cône.
Dans le métal à repousser doré, découpez l'auréole selon le patron de la page 90. Posez-la sur une surface souple pour la rainurer avec un stylo à bille usagé, puis perforez-la d'étoiles et de petits cercles.

Une guirlande d'anges protecteurs

Décor

Temps : moins de 2 h
Coût : peu coûteux
Niveau de difficulté : moyen

Matériel

* une guirlande lumineuse blanche de 20 ampoules
* une grande feuille de papier calque bleu gris de 200 g.
* une feuille de métal doré
* une pièce d'organdi bleu-gris de 30 cm en 90 de large
* 20 boules blanches de cotillon de 2,5 cm de diamètre
* une boîte d'allumettes
* un tube de pâte gonflante perlée blanche
* un tube de colle cyanolite en gel

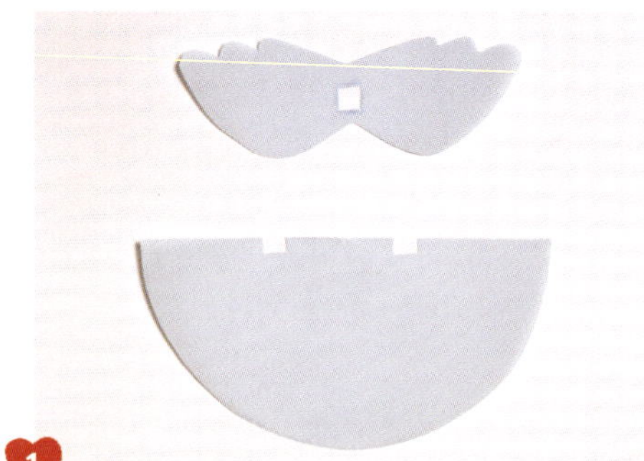

1. Dans la feuille de papier-calque, découpez le corps et les ailes de l'ange selon du dessin de la page 91.

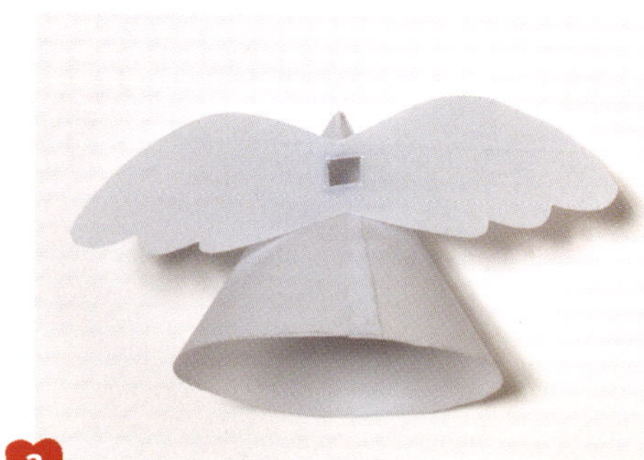

2. Collez cette forme de manière à obtenir un cône pour le corps de l'ange, puis fixez les ailes en superposant les ouvertures.

Idée déco : tellement tendre et jolie que vous aurez envie de la garder toute l'année. Dans une chambre d'enfant, cette guirlande éclairera doucement la pénombre.

3

Pour chaque ange, planter une allumette dans une boule de cotillon que vous fixerez avec la colle gel cyanolite sur le haut du cône pour figurer la tête.

Dans l'organdi bleu pâle, découpez des cercles de 8 cm de diamètre puis collez-les à l'intérieur de la base du cône pour le fermer.

4

Dans la feuille de métal doré, découpez des cercles de 3 cm de diamètre à fixer, un par un, derrière chacune des petites têtes.

Avec la pâte gonflante, décorez de petits points le contour des ailes et la base du cône. Introduire les ampoules de la guirlande par l'ouverture prévue à cet effet au dos de chaque figurine.

Crèche

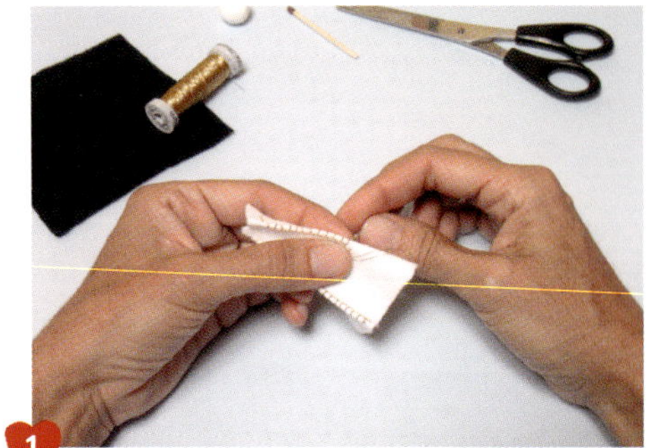

1

Pour les silhouettes
Dans le feutre blanc découpez le corps des cinq personnages selon le dessin de la page 93.

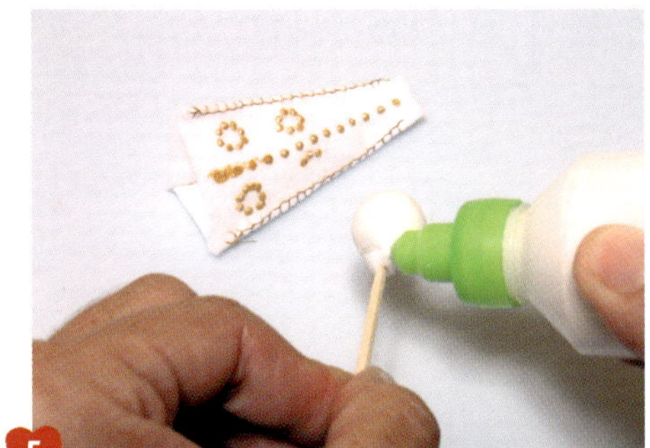

5

Pour ajouter une tête aux figurines, piquez des allumettes dans les boules de cotillon blanches, et fixez-les en haut des cônes de feutre avec la colle pour textile.

Temps : 3 h
Coût : peu coûteux
Niveau de difficulté : moyen

Matériel

Pour la crèche
* une bonbonne récupérée à faire découper
* un éclairage halogène muni d'une ampoule de 12 watts
* un sachet de neige synthétique
* une pièce de feutre blanc de 20 cm sur 30 cm
* faites ouvrir la bonbonne par un vitrier

Pour les silhouettes
* une pièce de feutre blanc de 20 cm sur 30 cm

Pour les costumes
* 3 pièces de feutrine de 20 cm sur 30 cm, blanche, grise, noire, bleue
* un petit morceau d'organdi bleu clair pour le foulard de Marie, ainsi qu'une petite longueur de ruban de satin gris en 3 mm de large
* une bobine de fil à broder or
* 2 bobines de fil blanc et bleu clair
* 5 cotillons blancs de 1,5 cm de diamètre
* une boîte d'allumettes
* un tube de pâte gonflante nacrée blanche
* un feutre gouache blanc
* un rouleau d'adhésif double face
* des ciseaux à cranter

lumineuse en bonbonne

Décor

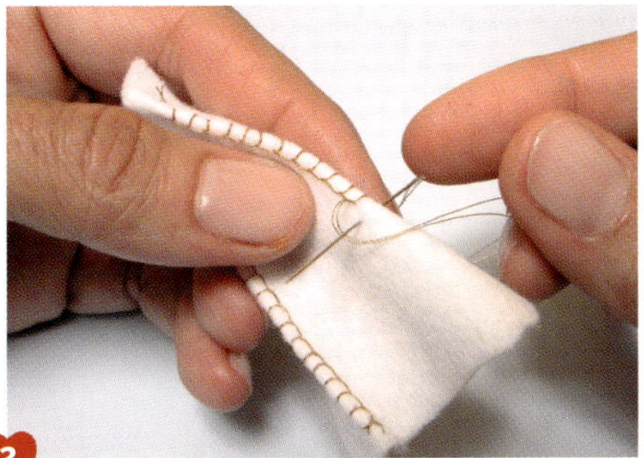

2

Marquez les pliures qui donnent le volume, par un point zigzag ou un point de bourdon.

3

Fermez l'arrière par une simple couture.

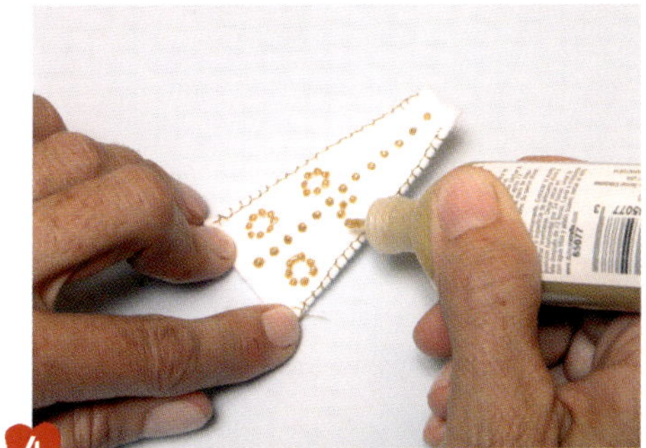

4

Décorez-les de broderies grises pour Joseph, bleues pour Marie, or pour les Rois mages, soit à la machine, soit à la main.

6

Le costume des Rois mages
Avec les ciseaux à cranter, découpez les capes de chacun dans la feutrine noir-gris, ou bleu clair, ornez-les de broderies or.

7

Coupez les trois couronnes dans les feutrines assorties, ornez-les d'or également puis collez-les autour de chacune des têtes. Préparez trois petits cadeaux de feutrine entourés de fil doré et collez-les au milieu des figurines.

Les broderies de fil d'or peuvent être remplacées par des décors de pâte gonflante nacrée, or, blanche, grise et bleu clair. Laissez sécher 24 heures et fixez les capes autour du cou des personnages par un petit point de couture.

Crèche lumineuse en bonbonne

L'Enfant Jésus
Découpez sa silhouette et celles du couffin, ornez-les et collez-les en leur donnant du volume.

Le costume de Marie
Coupez la cape dans la feutrine bleu clair avec les ciseaux à cranter, selon le patron de la page 93, ornez-la de broderies blanches ou des points de pâte gonflante. Dans l'organdi, coupez le foulard à fixer sur le cotillon avec la colle pour textile, puis nouez le ruban de satin gris autour de la tête.

Le costume de Joseph
Dans la feutrine grise, découpez la cape avec les ciseaux à cranter, selon le patron de la page 93, ajoutez des motifs de broderies blanches ou de pâte gonflante. Coupez la toque dans la feutrine grise, et l'écharpe dans la feutrine noire, placez-les sur la silhouette.

L'âne
Découpez sa silhouette dans la feutrine grise et collez l'intérieur des oreilles, le museau, la queue, la crinière, les pattes ainsi que sa couverture brodée.

Le bœuf
Découpez sa silhouette dans le feutre blanc, et collez les cornes, l'intérieur des oreilles, les pattes, la queue, et les taches comme sur le modèle.

La crèche
Pour la terminer, découpez des silhouettes de montagnes dans le feutre blanc, fixez-les à l'intérieur de la bonbonne avec l'adhésif double-face, parsemez de la neige synthétique sur le fond.
Animez l'extérieur de la bonbonne de petits points blancs avec le feutre gouache blanc.
Fixez l'éclairage dans le goulot de la bonbonne, déposez les personnages dans la neige.

*Idée déco :
les couleurs noir, gris, blanc, or, des figurines donnent à la crèche un esprit empreint, à la fois de lumière, et de mystère.
Cette crèche éclairera joliment vos veillées de Noël.*

Triptyque de

Temps : moins de 3 h avec le temps de collage
Coût : peu coûteux
Niveau de difficulté : moyen

Matériel

* une feuille de papier épais ou de carton fin
* quelques feuilles de beau papier imprimé de motifs
* une feuille de papier noir
* une feuille de papier froissé de couleur or
* une feuille de papier de couleur terre de Sienne
* une paire de ciseaux
* un tube de colle

1

Dans du papier épais ou du carton fin, dessinez et découpez la silhouette des Rois mages selon le schéma de la page 94. Rainez le long des pliures pour obtenir un triptyque qui se plie.

2

Découpez ensuite chaque habit dans chacun des trois papiers à motifs.
Collez chaque partie du vêtement à l'endroit qui lui correspond.

3

Dans du papier or froissé, découpez la partie supérieure de chaque vêtement. Collez-la en la superposant aux premiers papiers collés. Découpez la barbe et la coiffure dans du papier noir, le visage dans du papier terre de Sienne.

4

Dessinez et découpez les couronnes dans différents papiers, placez-les et collez-les sur chaque tête.
Dans le papier or froissé, intéressant pour son effet de matière, découpez des petits carrés pour finir leur costume.

Décor

Rois mages

Idée déco : ces silhouettes très décoratives, installées sur une cheminée ou sur une console, peuvent être accompagnées de petits cadeaux emballés avec les chutes des mêmes papiers.

3

Manège pour les anges

Décor

Temps : moins de 2 h
Coût : peu coûteux
Niveau de difficulté : facile

Matériel

* un socle de récupération en métal
* une ou deux feuilles de métal
* un cutter
* un embauchoir
* des petites boules de polystyrène de 3 cm de diamètre
* une boule de 6 cm de diamètre
* 7 brochettes de bois de 25 cm de long
* une bobine de fil de nylon
* un tube de peinture acrylique argentée
* un petit oiseau synthétique
* quelques petits galets
* une bombe de peinture argentée

Réalisation

Dans la feuille de métal aluminium, découpez les silhouettes de sept anges selon le dessin de la page 95. Placez-les sur un support mou : papier journal ou carton épais mais souple.

Tracez des graphismes variés : spirales, croisillons, étoiles de givre sur chaque ange. Avec un crayon très dur, repassez les traits pour les accentuer, c'est la souplesse du support qui permet l'empreinte en creux sur la feuille de métal.

Sur l'envers de la feuille de métal, repoussez les aplats avec la partie ronde d'un ébauchoir en bois pour accentuer le relief.

Perforez des motifs pour obtenir des effets de lumière sur certains anges.

Une deuxième aile découpée selon le patron de la page 95 donnera un effet de volume aux anges. Ajoutez-la soigneusement derrière l'aile de chaque ange.

Le montage

Blanchissez le socle avec une éponge et de la peinture acrylique blanche.
Peignez les boules de polystyrène, les baguettes avec de la peinture argentée.

Fixez la grosse boule de 6 cm de diamètre sur le sommet du socle. Piquez dedans les sept brochettes et fixez à chaque extrémité des baguettes les boules de 3 cm de diamètre.

À chaque extrémité des brochettes suspendez les petites silhouettes à l'aide d'un fil de nylon. Placez le petit oiseau sur la boule centrale de polystyrène, collez des petites plumes blanches sur le socle et les baguettes.

Idée déco : ce manège trouvera sa place au centre de votre table, accompagné de petits galets peints avec de la peinture argentée en bombe.

Nichoir aux

Temps : moins de 2 h
Coût : moyen
Niveau de difficulté : facile

Matériel

* une mangeoire à oiseaux de récupération
* quelques plumes blanches
* quelques petits galets
* quelques petits pompons blancs
* un lumignon muni d'une bougie chauffe-plat
* un tube de peinture acrylique blanche et une petite éponge
* un tube de colle universelle

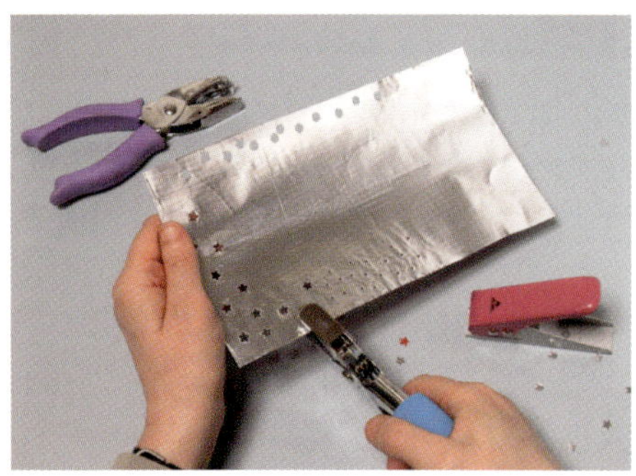

Les anges

Dans la feuille de métal aluminium, découpez sept anges selon le dessin p.95. Placez les anges sur un support mou, papier- journal ou carton épais, mais souple.

Graver et repousser le métal

Dessinez des motifs variés de spirales, de croisillons, de givre sur chaque ange, comme sur ces photos.

Repassez les traits pour bien imprimer les motifs, c'est la souplesse du support qui permet l'empreinte en creux sur la feuille de métal. Avec un crayon très dur, repassez tous les traits de manière à imprimer le motif sur le métal.

Sur l'envers de la feuille de métal, repoussez les aplats avec la partie ronde d'un ébauchoir en bois pour accentuer le relief.

Perforez les motifs pour obtenir des effets de lumière sur certains anges. Pour donner du volume aux silhouettes de métal, découpez une deuxième aile selon le schéma de la page 95, et collez-la soigneusement sur chaque ange, derrière la première.

Décor

anges

Le nichoir

Sept anges découpés et décorés selon la technique indiquée ci-contre décorent une petite mangeoire de bois.

Blanchissez la mangeoire avec de la peinture acrylique blanche.

Collez les anges ici et là autour de la mangeoire, décorez le toit avec les petits pompons blancs et les plumes blanches. Placez le photophore et la bougie à l'intérieur de la mangeoire.

Petits carnets aux feuilles d'acanthe

Cadeau

Temps : moins de 2 h
Coût : moyen
Niveau de difficulté : facile

Matériel

- ⋆ petits carnets du format de votre choix
- ⋆ quelques feuilles de papier Ingres blanc
- ⋆ un bloc de matière à graver
- ⋆ un morceau de bois de 10 cm de long,7cm de large, et 2 cm d'épaisseur
- ⋆ un tampon encreur gris à séchage lent
- ⋆ un pot de poudre à embosser à paillettes
- ⋆ un cutter fin
- ⋆ une paire de ciseaux
- ⋆ une gouge à graver en forme de V
- ⋆ un tube de colle forte
- ⋆ quelques rubans transparents argentés de différentes largeurs
- ⋆ un sachet de petites étoiles argentées

La fabrication du tampon est présentée page 84.

1

Encrez généreusement votre tampon sur le bloc encreur et imprimez le motif en déplaçant progressivement le tampon sur toute la surface.

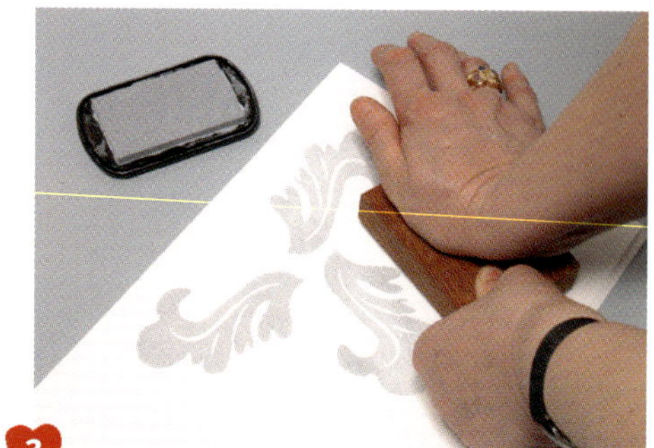

2

La position idéale est de vous tenir debout face à votre plan de travail pour appuyer de tout votre poids sur le tampon.

4

Tapotez sur les bords pour faire circuler la poudre sur chaque motif imprimé. La poudre utile va adhérer sur l'encre humide.

5

Exposez à une source de chaleur jusqu'à ce que la poudre ait fondu. Utilisez un séchoir à cheveux à ventilation douce en insistant sur les motifs.

3

Saupoudrez largement la feuille avec de la poudre à embosser.

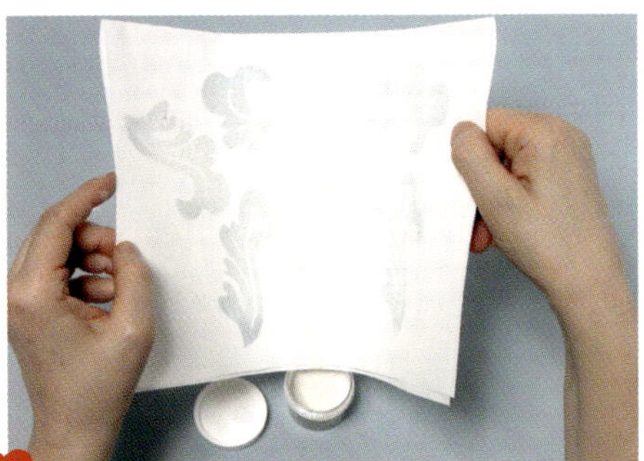

6

Récupérez l'excédent dans le pot. Une fois le papier imprimé, vous pouvez l'utiliser pour recouvrir des petits carnets ou des paquets cadeaux.

Idée déco : pour les offrir, enfilez des petites boules argentées, des étoiles et des cartes personnalisées sur des rubans que vous enroulerez autour des carnets.

Installée au plafond, elle bougera au moindre souffle d'air, la lumière se reflétera sur le métal de jour comme de nuit.

Décor

Couronne d'oiseaux pour le plafond

Temps : moins de 2 h
Coût : moyen
Niveau de difficulté : moyen

Matériel

* une suspension en métal, ou une armature d'abat-jour de 40 cm de diamètre
* 3 morceaux de chaîne en métal de 50 cm de long
* un sachet de crochets esse correspondant
* quelques boules transparentes et givrées de 7 cm de diamètre environ
* une guirlande imitation givre
* un tube de peinture acrylique blanche
* une petite éponge

Réalisation

Dans la feuille d'aluminium, dessinez puis découpez les oiseaux.

Placez-les sur un support mou, papier-journal ou carton épais, mais souple, et reportez-vous à la page 84 pour la technique du métal repoussé.

Sur certains oiseaux, perforez des motifs pour obtenir des effets de lumière.

Pour un effet « récup », blanchissez sommairement la suspension de métal avec de la peinture acrylique blanche déposée sur une éponge.
Suspendez les oiseaux à intervalles réguliers.

Complétez avec les boules transparentes et enroulez la guirlande de givre.

La couronne est terminée, il suffit maintenant de l'accrocher par les chaînes munies de crochets.

Idée déco : pour plus de style et de lumière, vous pouvez ajouter une grosse boule de verre au centre de la suspension.

Suspension de cœurs et boules de verre

Décor

Temps : moins de 3 h
Coût : moyen
Niveau de difficulté : moyen

Matériel

Matériel pour toutes les suspensions indiqué p.50

Matériel spécifique

* des feuilles de Rhodoïd de format A4
* quelques boules transparentes de 7 cm de diamètre environ
* un sachet de petites étoiles en papier argenté
* quelques pampilles en forme de gouttes de verre
* un tube de pâte gonflante blanche

Réalisation

Pour un traitement « récup », blanchissez la suspension avec une éponge et de la peinture acrylique.

Découpez les cœurs de forme allongée dans le Rhodoïd.

Avec un feutre gonflant blanc, décorez le contour en pressant régulièrement pour obtenir des points qui se rejoignent.

À l'intérieur de chaque cœur composez un motif répétitif de pois, de rayures, de damiers, d'arabesques et d'étoiles de neige.

Agrémentez les boules transparentes avec les mêmes motifs en les tenant par leur boucle de métal. Décorez-les ainsi avec le feutre gonflant blanc en les tournant au fur et à mesure. Le séchage dure une heure environ.

Placez les boules, les cœurs et les gouttes d'eau pour obtenir une suspension équilibrée et aérienne toute en transparence.

Spirales à sequins

Décor

Temps : plus de 2 h
Coût : peu cher
Niveau de difficulté : facile

Matériel

* deux pièces de cotonnade africaine, ou basin, rouge et vert anis de 15 cm en 200 cm chacune
* une bande de grillage à poules de 4 mètres sur 6 cm de large
* une bobine de fil de laiton vert et rouge de 0,30mm de diamètre
* une bobine de fil de coton vert et rouge et une aiguille
* quelques sequins et pampilles vertes, rouges et argentées
* quelques grelots verts, rouges et argentés
* une pince coupante pour découper le grillage

1

Coupez la bande de grillage à l'aide de la pince coupante. La largeur du rouleau permet de varier la longueur de la spirale, la bande à enrouler fera 6 cm de large.

Pliez la bande de coton en deux, dans le sens de la longueur, et recouvrez le grillage avec la cotonnade. Faites un rentré de 1 cm.

2

Fermez ces deux bandes avec un point de surjet.

3

Roulez le bandeau puis, déroulez-le pour obtenir une spirale. Fixez sur le bord inférieur du bandeau, tous les 5 cm, les pampilles, sequins et grelots en variant les longueurs des fils entre 2,5 et 10 cm.

Idée déco : originales et festives, ces spirales animeront vos réveillons.

Cartes ou décors en Rhodoïd

Temps : moins de 1 h
Coût : peu coûteux
Niveau de difficulté : facile

Matériel

* une feuille de papier Rhodoïd
* un feutre gouache blanc à pointe moyenne
* une paire de ciseaux
* quelques feuilles de papier de couleur : rose, rouge, jaune, et vert anis.
* rubans de satin assortis de 40 cm sur 3 mm de large
* une perforeuse

Idée déco : glissez ces cartes dans une enveloppe de couleur pour les envoyer ou accrochez-les en guise de boules sur un sapin..

Réalisation

Dans le Rhodoïd, découpez des cœurs de 20 cm de haut sur 10 de large.

Tracez des lignes, des points, des étoiles de neige avec le feutre gouache blanc.

Dans le papier de couleur, découpez les mêmes formes de cœur.
Superposez les cœurs de Rhodoïd décorés sur les cœurs de papier et percez un petit trou en haut de ces deux formes avec la perforeuse.

Nouez-les par paire avec un ruban de satin assorti à la couleur du papier.
Utilisez des feutres à encre blanche, or ou argentée pour écrire vos messages.

4

Ribambelle de la forêt

Décor

Temps : moins de 1 h
Coût : peu cher
Niveau de difficulté : facile

Matériel

* une feuille de papier Ingres format raisin
* une paire de petits ciseaux à découper très fins ou des mini ciseaux de précision.
* 2 trombones
* une bombe de colle repositionnable
* un emporte-pièce de 3 mm de diamètre
* une planche en bois
* un petit marteau

1

Dans le papier Ingres, coupez une bande de 15 cm sur 65 cm et pliez-la en accordéon tous les 11 cm. Photocopiez le dessin de la page 96 et fixez le gabarit sur la première face de papier plié avec deux trombones.

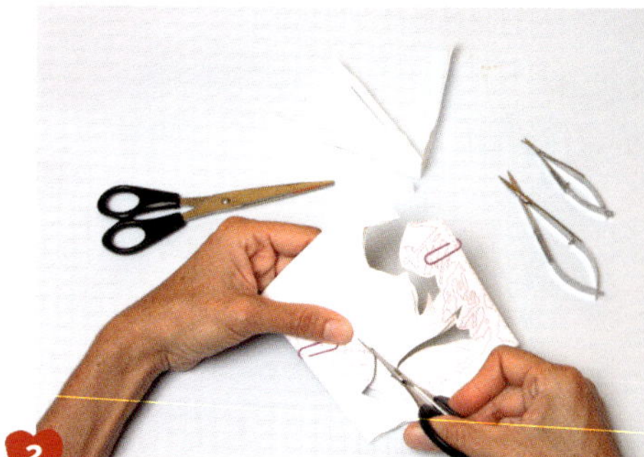

2

Commencez par tailler grossièrement les zones à découper en vous approchant le plus possible des contours les moins accessibles.

3

Amorcez des trous avec l'emporte-pièce et le marteau dans les surfaces fermées en posant votre ouvrage sur une planche en bois.

4

Introduire la lame de vos ciseaux pour découper les parties les plus délicates.

Idée déco : ces découpages habillent joyeusement vos fenêtres, vus de l'extérieur ils animeront également les rues de votre ville ou de votre village, communiqueront un esprit de fête.

5 Poursuivez ensuite à une découpe soigneuse en suivant les contours.

6 Dépliez doucement le pliage en accordéon et fixez-le avec une bombe de colle repositionnable sur les vitres de vos fenêtres.

Cœurs habités

Temps : 1 h
Coût : peu coûteux
Niveau de difficulté : facile

Réalisation

Pliez en deux un carré de papier Ingres de 30 cm de côté. Photocopiez le dessin de la page 97, puis posez les pointillés contre la pliure du papier. Suivez la méthode de découpage indiquée précédemment.

Ribambelles de

Temps : 1 h
Coût : peu cher
Niveau de difficulté : facile

Matériel

- une feuille de papier Ingres format raisin
- une paire de petits ciseaux très fins, ou des mini ciseaux de précision
- 2 trombones
- une bombe de colle repositionnable
- un emporte-pièce de 3 mm de diamètre
- une planche en bois
- un petit marteau

Réalisation

Coupez une bande de 18 cm sur 65 dans le papier Ingres.

Formez des plis accordéon à la largeur du motif choisi.

Photocopiez le dessin de la page 98.

Suivez les conseils indiqués précédemment, enfin, dépliez doucement l'accordéon et fixez la ribambelle sur vos vitres avec de la colle repositionnable en bombe.

Ces silhouettes de lutins espiègles et malicieux plairont beaucoup aux enfants.

Décor

lutins

La maison des lutins

Coussins de feutrine

Cadeau

Temps : 1 h
Coût : peu coûteux
Niveau de difficulté : moyen

Matériel

* une pièce carrée de feutrine écrue de 1 m de côté
* une pièce de feutrine rouge de 40 cm sur 1 m
* des petits ciseaux à découper
* un tube de colle pour textile
* un sac de kapok pour le rembourrage
* une bobine de fil à broder rouge
* une paire de ciseaux à cranter

Dans la pièce de feutrine écrue, découpez aux ciseaux à cranter deux carrés de 50 cm de côté.

Puis dans la feutrine rouge coupez un carré de 40 cm de côté et pliez-le en deux.

Photocopiez les motifs de la page 97 et placez le pointillé contre la pliure de la feutrine en l'épinglant sur toute la longueur.

1 Perforer les ouvertures des surfaces fermées avec un poinçon et un marteau.

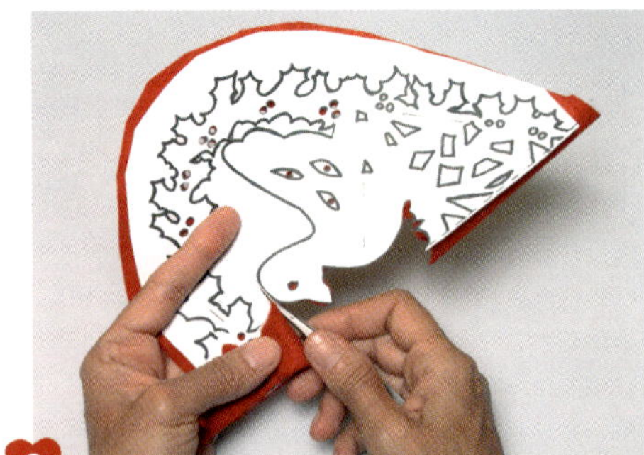

2 Découpez soigneusement les contours du motif.

3 Épinglez le motif déplié au centre d'un des carrés de feutrine écrue.

Idée déco : voici des coussins traditionnels par leurs motifs et contemporains par la tonalité des couleurs et la simplicité des contours.

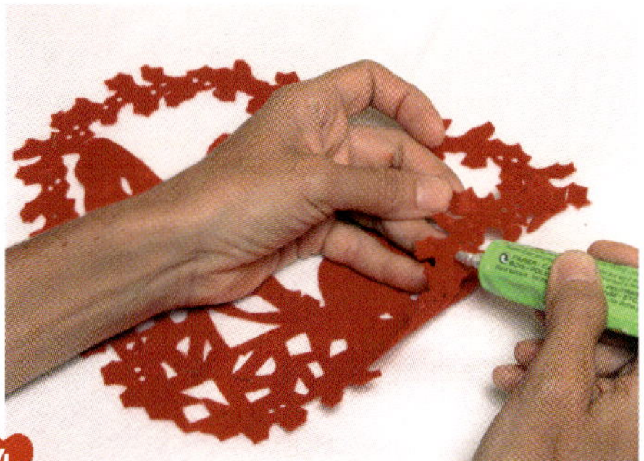

4

Collez-le avec la colle pour textile en procédant petit à petit pour ne pas déformer le cœur.

Posez ce carré décoré sur le second, et faites à 5 cm des bords une couture au point de broderie ou de bourdon en laissant une ouverture de 10 cm pour permettre le rembourrage.

Pour souligner davantage le contour du coussin vous pouvez ajouter un ruban de croquet rouge le long de la couture.

Couronne aux pommes de pin, champignons et coloquintes

Décor

Temps : moins de 2 h
Coût : peu coûteux
Niveau de difficulté : facile

Matériel

* des petites pommes de pin, des coloquintes séchées
* quelques branches souples
* des baies rouges
* une bobine de fil de fer
* une paire de pince coupante
* quelques petits champignons en polystyrène
* une bobine de raphia ou de ficelle
* une feuille de papier aluminium
* 7 bougies rouges

Amateur de dinde le renard est sorti du bois.

Réalisation

Avec des branches souples, formez une couronne ronde en la consolidant régulièrement avec des liens de ficelle ou de raphia.

Entourez chaque petite pomme de pin avec un lien de ficelle, nouez puis fixez autour de la couronne. Procédez de la même façon avec toutes les pommes de pin.

Percez des petites coloquintes séchées avec un morceau de 6 cm de fil de fer et plantez-les sur la couronne.

Vous pouvez ajouter des petits champignons en polystyrène ou d'autres petites baies rouge orangé pour étoffer l'ensemble.

Placez les sept bougies rouges à intervalles réguliers en prenant soin de protéger leur base avec du papier aluminium.

Idée déco : placez la couronne en centre de table pour créer un décor chaleureux et naturel à l'intention de vos convives.

Décor

Couronne de porte aux fruits et aux baies

Cœur de lierre

Décor

Temps : moins de 1 h
Coût : peu coûteux
Niveau de difficulté : facile

Matériel

pour le cœur

* un morceau de fil de fer galvanisé épais de 2 m de long
* une bobine de fil de fer fin et gainé de plastique vert
* une pince coupante
* quelques branches de lierre
* une branche de baies rouge orangé

Réalisation

Former la forme du cœur avec le fil de fer épais.

Enrouler régulièrement le cœur avec des branches de lierre.

Fixer ces branches de lierre sur le support avec des petits liens de fil de fer vert.

Ajouter la branche de baies en la fixant de la même façon.

Harmonisez le tout en répartissant bien tous les éléments.

Idée déco : gardez le lierre et changez les baies selon la saison pour agrémenter ce cœur au fil de l'année.

Temps : moins de 2 h
Coût : moyen
Niveau de difficulté : moyenne

Matériel

pour la couronne

* une bobine de fil de fer galvanisé vert
* un morceau de grillage à poule de 40 cm de long
* une pince coupante
* quelques petites branches de pin, de lierre
* des baies vertes, des mûres
* des petites pommes

Réalisation

Fabriquez une couronne de 40 cm de diamètre dans du grillage à poule en formant un boudin de 120 cm de long et 8 cm de diamètre. Fixez avec des liens de fil de fer.

Entourez ensuite la couronne avec des branches de lierre et ajoutez du volume en piquant des petites branches de pin.

Fixez du fil de fer dans des petites pommes vertes, ou dans des baies de cette couleur, et plantez-les dans le grillage de la couronne à intervalles réguliers.

Temps : moins de 2 h
Coût : moyen
Niveau de difficulté : moyen

Matériel

* quelques pots en zinc cubiques de 8 cm de côté
* des tubes de peinture acrylique (terre de Sienne, blanc, noir, vermillon, jaune, bleu cyan)
* quelques pinceaux fins et d'autres plus épais
* une feuille de papier-calque
* un crayon gras blanc

La peinture acrylique permet de travailler les tons clairs sur les tons foncés, vous pouvez donc travailler et corriger les petits accidents ou reprendre un motif qui ne vous satisfait pas.

Idée déco : vous pouvez utiliser ces pots en guise de photophores, mais aussi en guise de réserve de graines pour les oiseaux, ceci pour leur plaisir et celui des enfants.

Pots en zinc

Décor aux oiseaux frileux

Réalisation

Dessinez les oiseaux sur les pots en zinc sur une feuille de papier-calque en vous aidant des modèles ci-contre.

Reportez chaque forme d'oiseaux sur les pots en zinc et repassez les traits avec un crayon gras blanc.

Peignez les plus grandes surfaces avec un pinceau épais puis travaillez les petites surfaces avec un pinceau fin en procédant par couches successives.

Terminez par les motifs des yeux, des pattes et des plumes.

Décorez toute la surface du pot avec de petits points blancs pour imiter la neige.

BASILE

5

Idée déco : cette couronne pleine de surprises amusera petits et grands et trouvera facilement sa place dans la maison.

Décor & Cadeau

Couronnes aux jouets

Temps : moins de 1 h
Coût : peu coûteux
Niveau de difficulté : facile

Matériel

* une couronne de brindille de récupération
* quelques petits jouets
* quelques décorations de Noël ou cartes de vœux
* des petites baies de cynorhodon rouges

Réalisation

Piquez des petites baies de cynorhodon rouges autour de la couronne de brindille pour apporter une jolie note colorée.

Choisissez des petits jouets et des décorations de Noël, ni trop lourds ni trop encombrants.

Placez-les autour de la couronne à intervalles réguliers.

Décor & Cadeau

Couronnes aux cartes

Temps :1/2 h
Coût : peu cher
Niveau de difficulté : facile

Matériel

pour l'élan

* une feuille de papier 224 g et quelques feuilles de couleurs : noir, rouge, vert, ocre jaune et terre de Sienne, format A4
* une paire de ciseaux
* une paire de ciseaux cranteurs
* une perforeuse
* un tube de colle
* quelques gommettes rouges

1 Dans le papier blanc, découpez un carré de 8 x 8 cm.
Dans le papier rouge, découpez et collez la forme de la robe de l'élan.

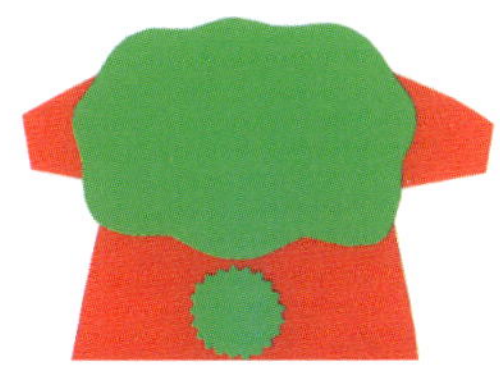

2 Dans le papier vert, découpez et collez la collerette et le pompon.

3 Dans le papier ocre jaune et terre de Sienne, découpez et collez la tête et les cornes.

4 Dans le papier rouge et le papier noir, découpez et collez le museau et les yeux.
Collez quelques gommettes rouges autour de l'élan.

Suspension aux cadeaux et aux lutins

Décor & Cadeau

Temps : 3 h environ
Coût : moyen
Niveau de difficulté : moyen

Matériel

* une suspension en métal
* une guirlande lumineuse rouge
* une guirlande de baies rouges
* quelques petites boîtes enrobées de papier blanc
* un ruban rouge
* quelques motifs de lutins, de vaches, de poules et de moutons
* quelques petites mandarines de Noël
* une feuille de papier blanc épais (224 g)
* un tube de peinture acrylique rouge cadmium clair
* une bobine de fil de nylon

Réalisation

Dans la feuille de papier à dessin, reportez les silhouettes des lutins ci-contre.

Peignez les surfaces rouges.

Photocopiez ce modèle sur une photocopieuse couleur pour obtenir l'endroit et l'envers du personnage.

Découpez chaque lutin puis collez le recto et le verso.

Procédez de la même façon avec le motif de la vache et de l'oiseau.

Suspendez les sujets autour de la suspension avec le fil de nylon.

Complétez avec les petits paquets cadeaux blancs aux rubans rouges en variant la hauteur par rapport aux lutins.

Entourez la guirlande lumineuse de baies et disposez-la autour de la suspension.

Piquez des morceaux de fil de fer dans les petites mandarines et fixez-les autour de la suspension.

Cadeau

Une grande famille d'ours

Pour un ourson

Temps : 1 h

Coût : peu coûteux

Niveau de difficulté : moyen

Matériel

* une pièce de feutrine de chacune de ces couleurs : écru, noir, rouge et vert
* une pièce de lin naturel
* quelques pièces de cotonnades fleuries et écossaises dans les tons rouges et blancs
* une bobine de fil écru
* une bobine de fil noir
* un sac de kapok pour le rembourrage
* quelques rubans variés

1

Sur la feutrine écrue pliée en deux, dessinez le schéma de l'ours page 99.

Piquez le contour à la main au point arrière ou à la machine, en réservant une ouverture de 5 cm pour permettre le retournement et le rembourrage.

Bourrez l'ours de kapok. Faites quelques points à la base des oreilles.

2

Nouez un ruban autour du cou de l'ourson en serrant légèrement pour donner du gonflant à sa tête.

3

Dans le lin, découpez les morceaux qui seront collés sur les pattes, les oreilles et la truffe.

Dans la feutrine noire, coupez deux ronds de 3 mm de diamètre pour les yeux et un rond de 5 mm de diamètre pour la truffe.

Brodez au fil noir la forme d'encre marine sur et sous la truffe.

4

Votre ourson a pris vie, maintenant il faut le vêtir !

Dans la cotonnade, coupez la salopette selon le schéma de la page 100 et surfilez les contours.

Piquez les côtés et faites un petit ourlet de 0,5 cm.

Fixez les rubans qui serviront de bretelles par quelques points de couture. Décorez la salopette avec des poches et des petits ronds de feutrine en guise de boutons.

Si vous désirez confectionner un ours plus gros, il suffit d'agrandir à la photocopieuse les gabarits de l'ours et de la salopette.

Petite crèche en pâte à modeler

Décor

Temps : moins de 2 h
Coût : peu coûteux
Niveau de difficulté : facile

Matériel

* une mangeoire à oiseaux de forme rectangulaire
* 7 pots de pâte à modeler traditionnelle pour enfants (blanche, rose, bleu, rouge, orange, jaune, gris et noir)
* quelques cure-dents en bois
* un petit rouleau en bois pour aplatir la pâte à modeler
* un tube de peinture acrylique blanche
* une paire de ciseaux à cranter
* une éponge
* un couteau

1

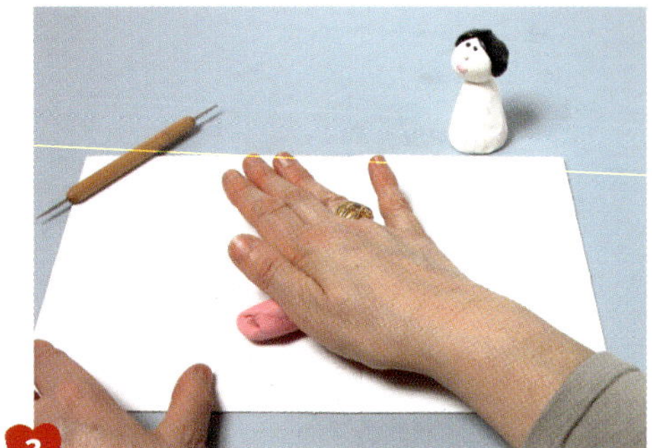

2

Marie

Modelez la tête et le corps dans de la pâte à modeler blanche. Fixez la tête au corps avec un cure-dent.

3

Roulez un boudin de pâte rose et aplatissez le pour former la robe.

Une idée qui convient tout particulièrement aux enfants impatients de voir arriver Noël.

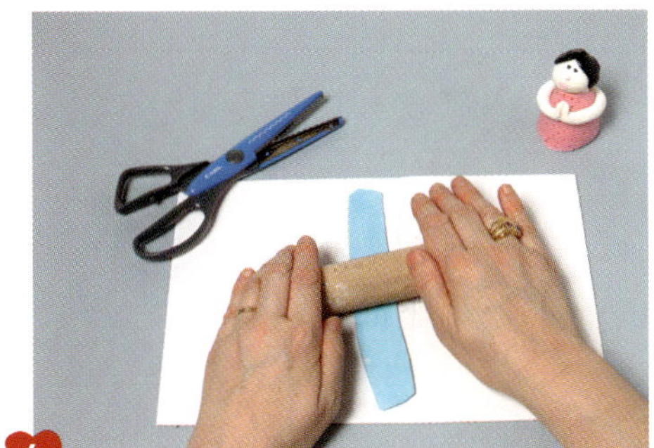

4

Pour le voile, préparez une plaque bleue avec le petit rouleau en bois.

5

Découpez la bordure du voile avec les ciseaux à cranter.

6

Piquez la pâte pour obtenir des motifs de points.

7

Ajouter les cheveux et les mains jointes.

Petite crèche en pâte à modeler

Joseph

Modelez la tête et le corps dans de la pâte à modeler blanche.

Fixez la tête au corps avec un cure-dent.

Préparez des disques aplatis de pâte bleue et orange avec le petit rouleau en bois pour la robe, la cape et le chapeau.

Piquez avec un cure-dent pour obtenir des pointillés.

Modelez et placez chaque élément du vêtement.

Ajoutez les cheveux et la barbe.

Jésus

Modelez la tête et le corps dans de la pâte à modeler blanche.

Fixez la tête au corps avec un cure-dent.

Façonnez des disques aplatis de pâte rose et bleue avec le petit rouleau en bois pour les langes.

Terminez par deux petits colombins placés en croix sur le vêtement.

L'âne et le bœuf

Modelez les gros colombins pour le corps et quatre petits colombins pour les pattes. Modelez aussi la forme de la tête, des yeux, des oreilles et des cornes.

Ajustez les différentes parties et fixez chaque élément avec les doigts.

Piquez la tête sur le corps avec des petits cure-dents. Terminez par les yeux.

L'étoile

Fabriquez un disque en pâte à modeler jaune, découpez le motif d'étoile.

La crèche

Blanchissez la mangeoire avec la petite éponge imbibée de peinture acrylique blanche.

Tapissez le sol de petits galets blancs, placez les personnages et la petite étoile jaune sur le toit de la mangeoire.

Voici une jolie petite crèche qui attirera plus d'un enfant.

Quatre techniques à découvrir

Utilisation de la pâte gonflante

Il faut savoir que la pâte est sèche au toucher environ 1 heure après sa pose, mais véritablement durcie après 24 heures. Il est donc préférable de procéder par étape.

Les ornements se font par petits points isolés, ou côte à côte pour donner une impression de ligne continue.

Il est préférable de faire des essais pour apprendre à contrôler le débit du tube en fonction du résultat escompté.

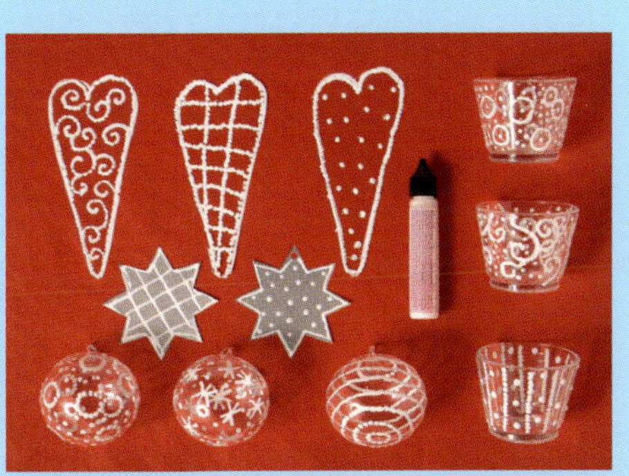

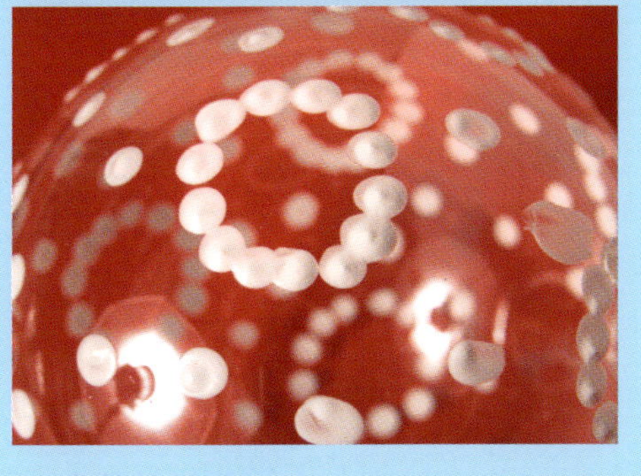

Découpage des cœurs habités et des ribambelles

Une paire de petits ciseaux à broder peut suffire, mais je recommande ces mini ciseaux de précision, droits ou courbes, ils sont extrêmement utiles car ils se prêtent aux découpes les plus fines.

Autre outil indispensable : l'emporte-pièce, pour amorcer un trou qui permet l'accès des ciseaux dans les zones de découpe fermées par un trait de contour, figurer un œil, une baie de gui ou de houx.

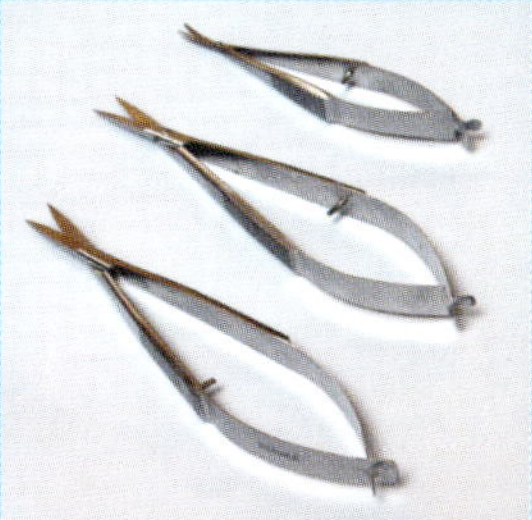

Ces ciseaux se vendent par correspondance (Société Jofa 50340 Saint-Laurent-de-Terregatte Tel/fax 02 33 58 59 19 site www.jofa.fr)

Création du tampon

1

Préparez un motif sur une feuille de papier et découpez-le, il servira de gabarit.

2

Posez maintenant le motif sur le bloc de matière à graver, taillez-le ensuite avec un cutter ou un scalpel.

3

Lorsqu'il est dégagé du bloc, affinez la découpe.

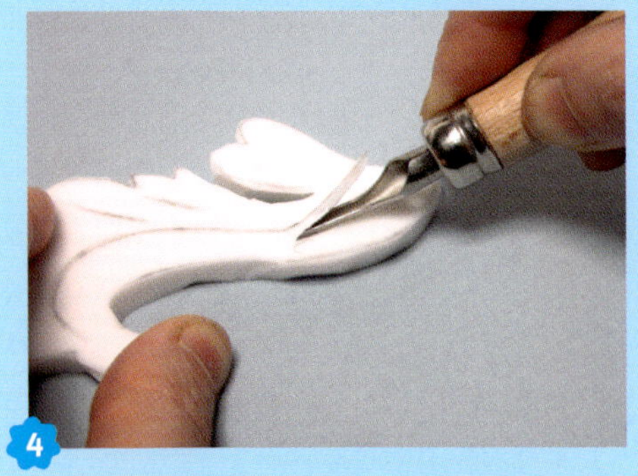

4

Rainez les motifs avec la gouge à graver, et collez le tampon sur la petite planche de bois.

Matériel

* un bloc de matière à graver
* un morceau de bois de 10 cm de long,7cm de large, et 2 cm d'épaisseur
* un cutter fin
* une paire de ciseaux
* une gouge à graver en forme de V
* un tube de colle forte

Le métal à repousser

Tracez des graphismes variés : spirales, croisillons, étoiles de givre. Avec un crayon très dur, repassez les traits pour les accentuer, c'est la souplesse du support qui permet l'empreinte en creux sur la feuille de métal.

Sur l'envers de la feuille de métal, repoussez les aplats avec la partie ronde d'un ébauchoir en bois pour accentuer le relief. Si vous le souhaitez vous pouvez accompagner ces graphismes de perforations pour obtenir des effets de lumière.

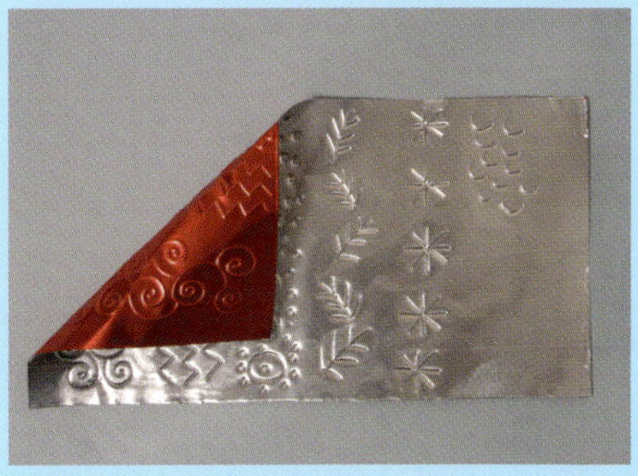

Matériel

* une roulette de couturière
* une feuille de métal en aluminium à repousser de 1/10 mm d'épaisseur
* une perforeuse à motifs (en forme d'étoile, de cœur ou de cercle)
* un ébauchoir arrondi en bois poli pour repousser le métal
* un poinçon

Branche de gui décorée

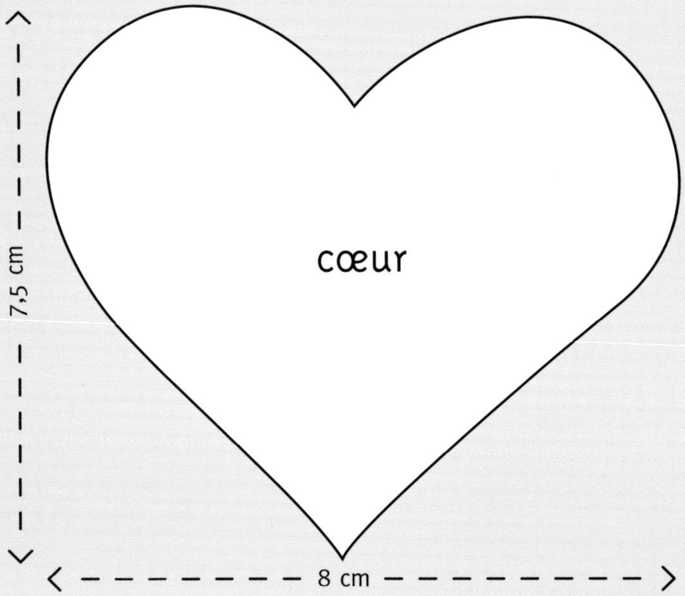

échelle: 100%

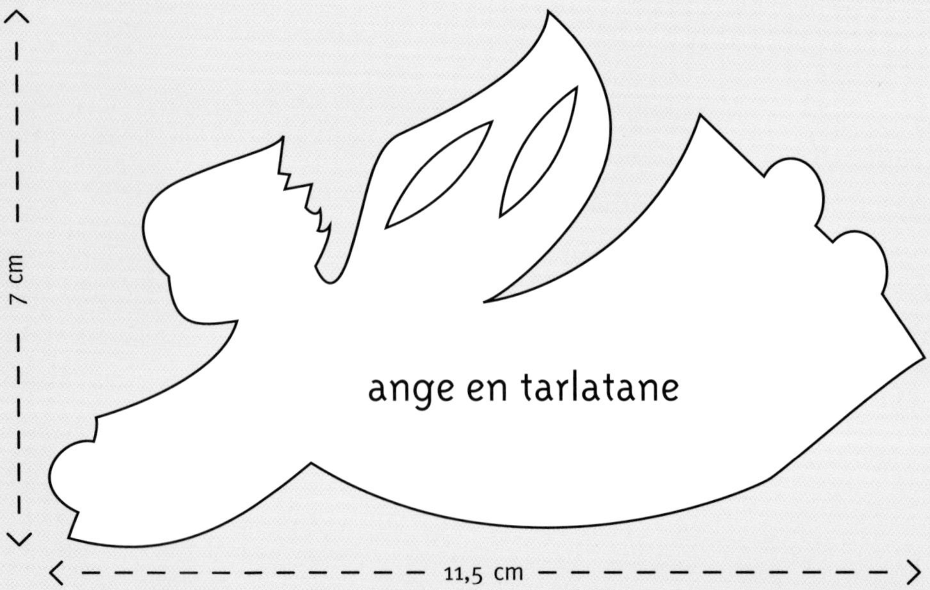

échelle: 100%

Boules aux ailes d'ange sur sapin en rondins

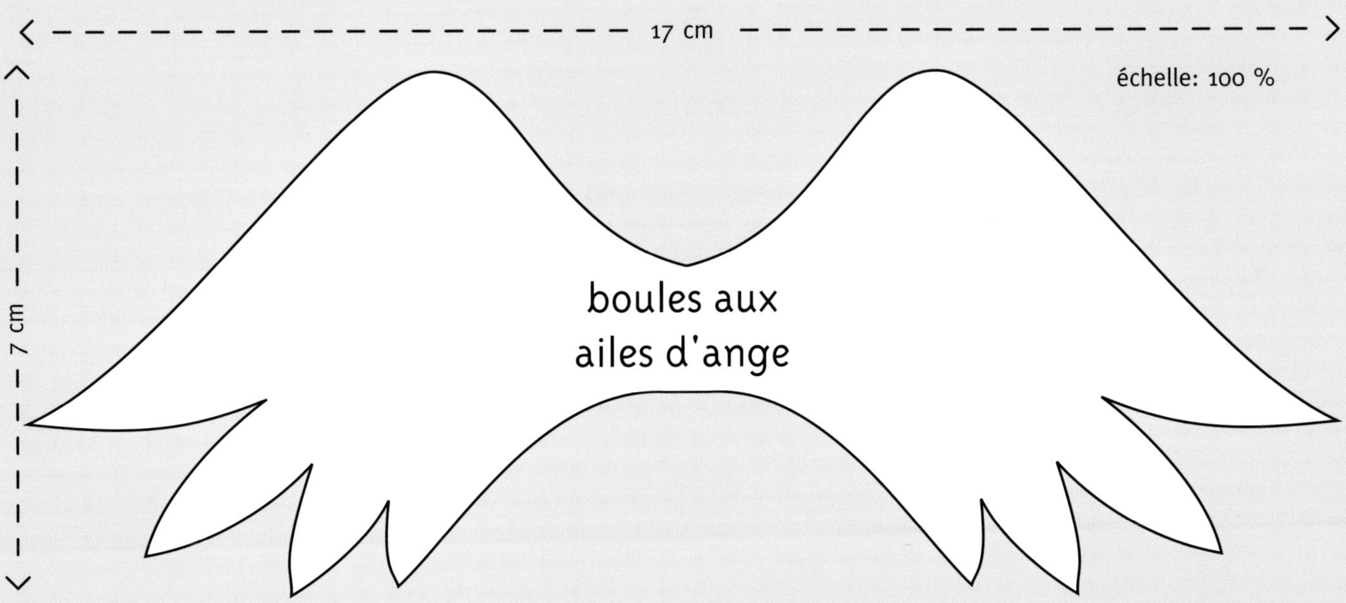

Petits sapins stylisés

échelle: 30 %

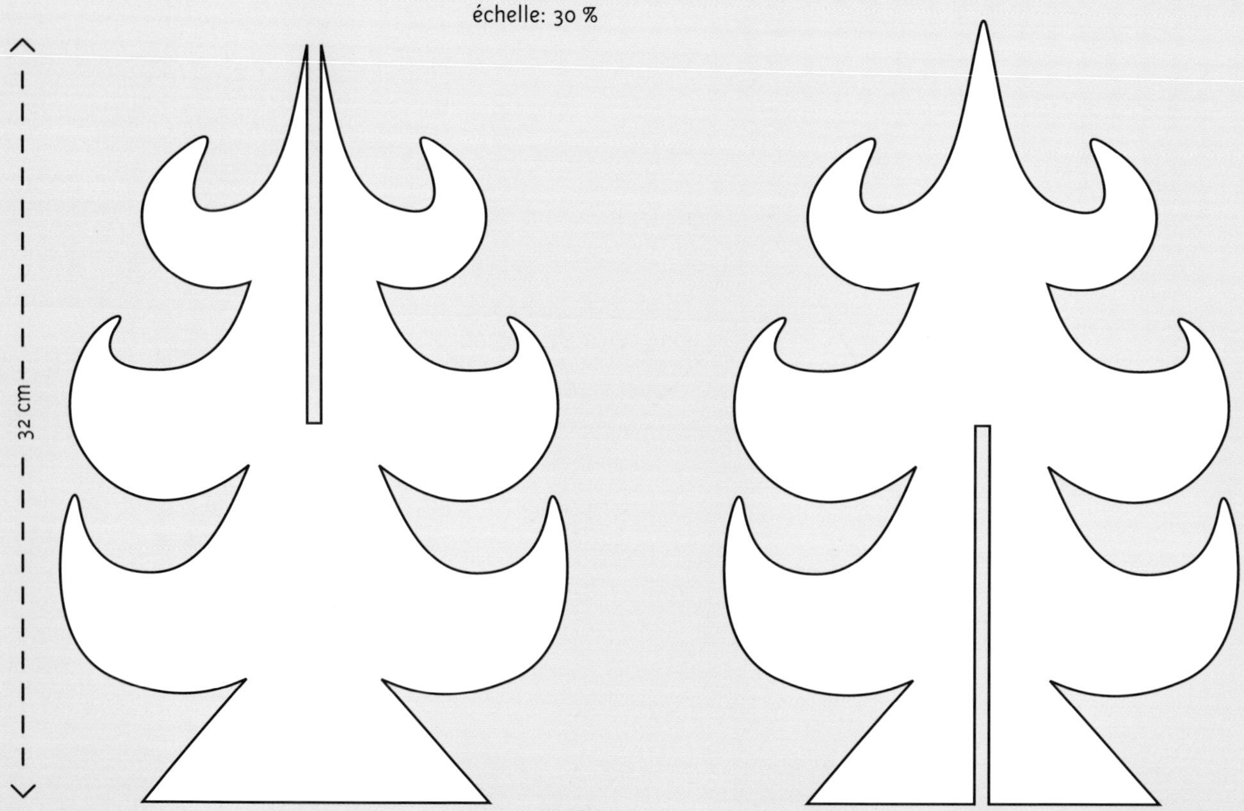

échelle: 30 %

L'ange veilleuse

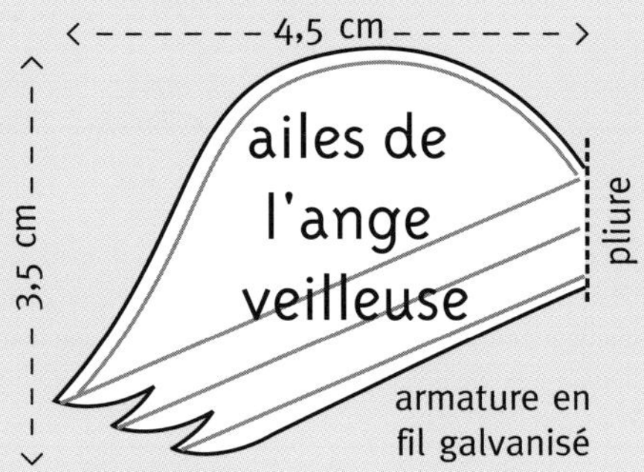

col d'organdi
diamètre = 10 cm

échelle: 12 %

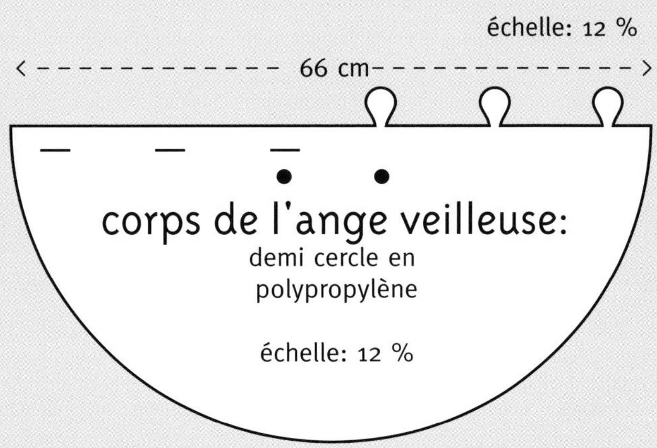

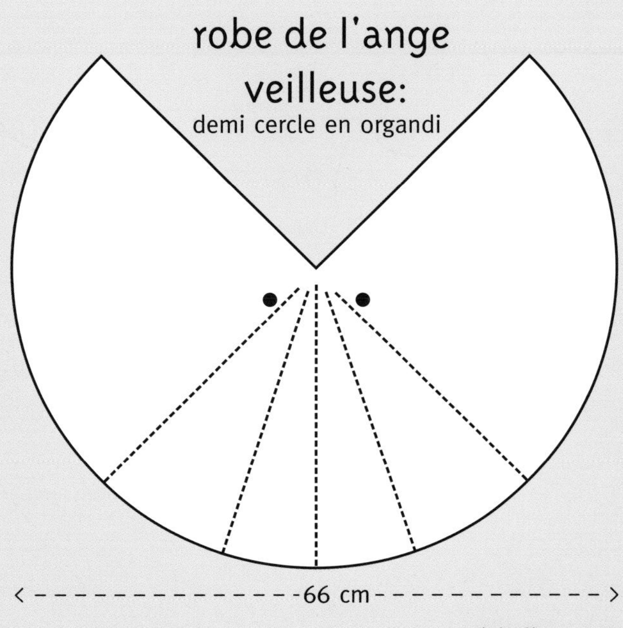

échelle: 12 %

L'ange veilleuse

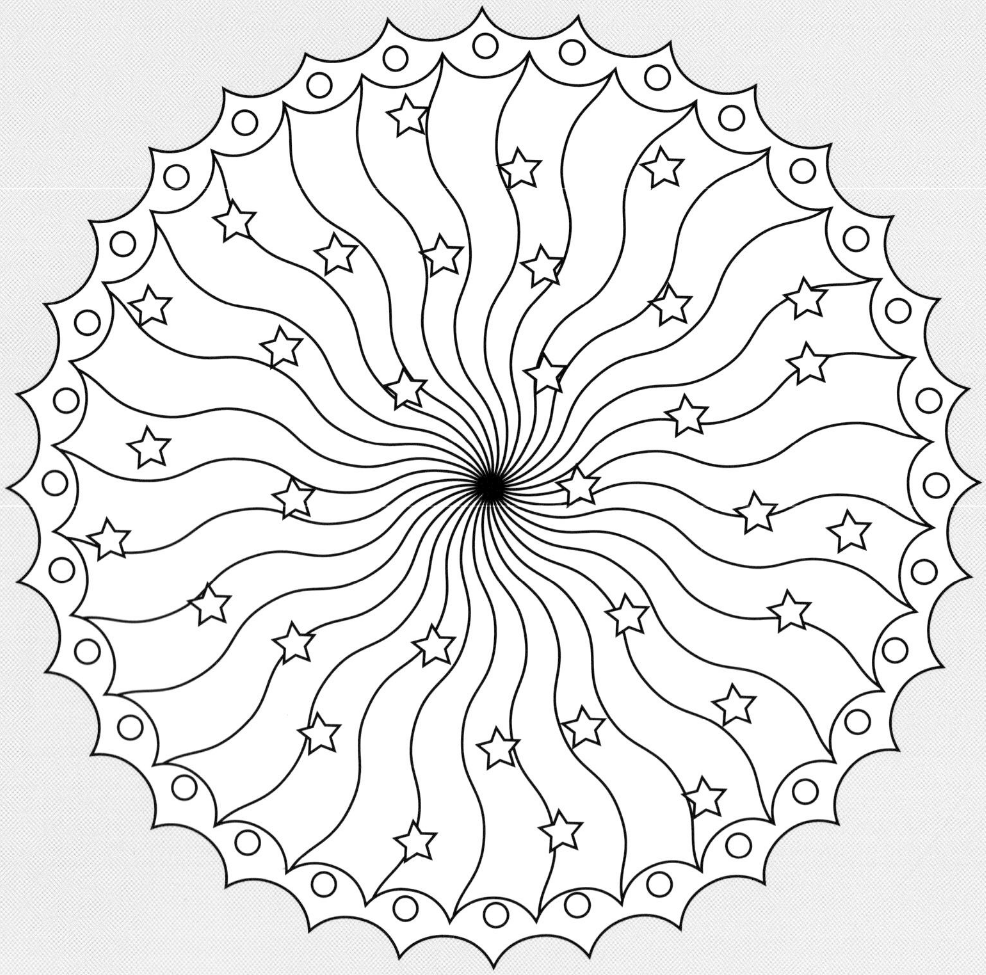

auréole pour l'ange veilleuse.

diamètre = 13 cm
échelle : 100 %

Une guirlande d'anges protecteurs

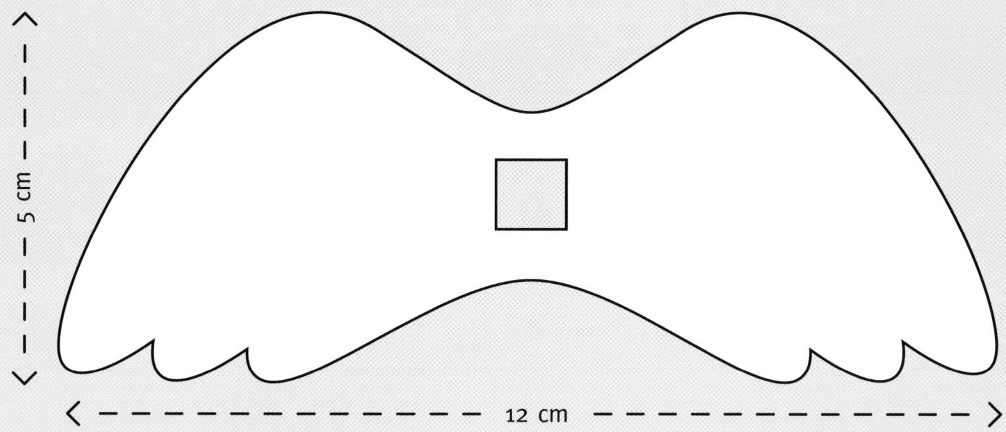

échelle: 100 %

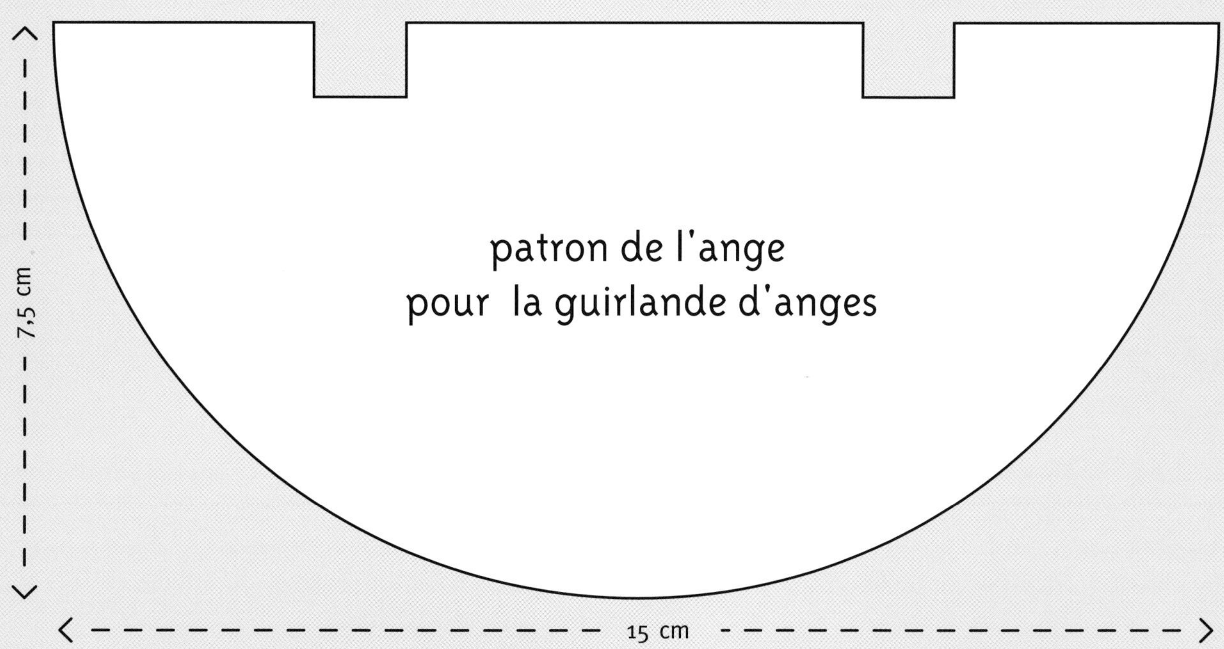

échelle: 100 %

Crèche lumineuse en bonbonne

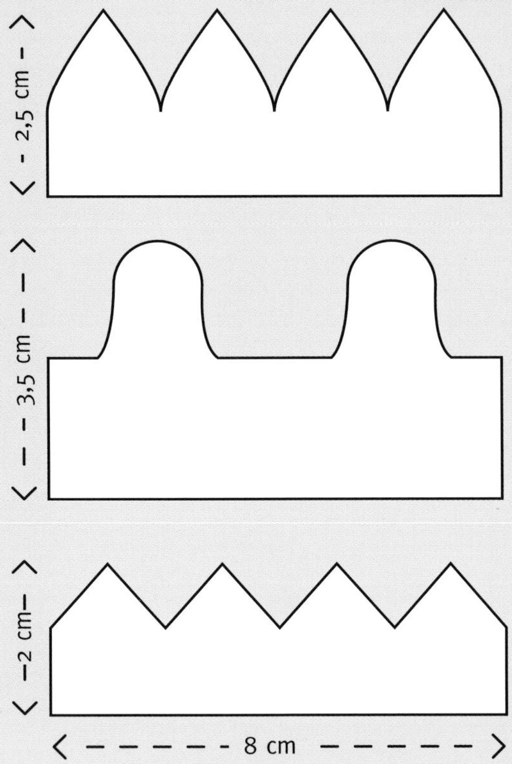

Couronnes Rois mages

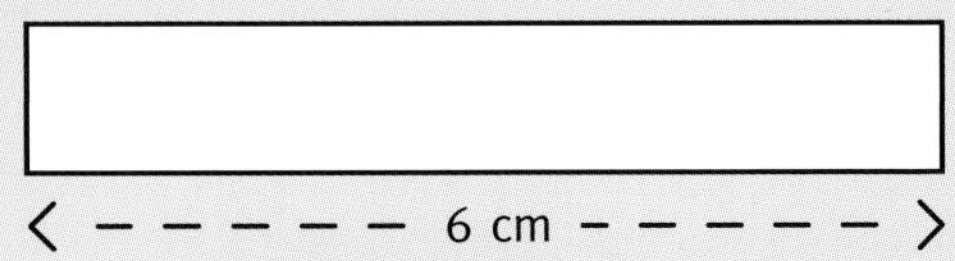

turban de Joseph
en feutrine grise

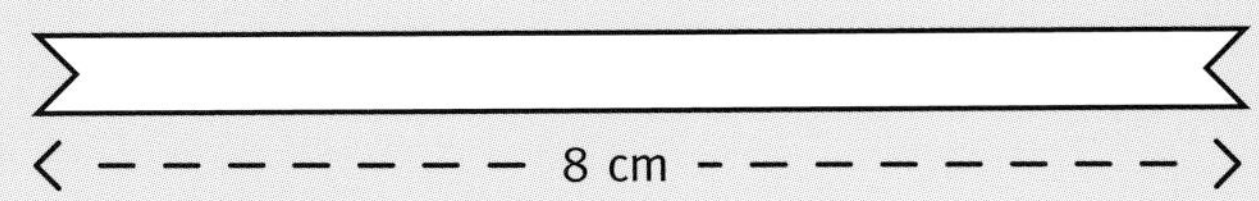

écharpe de Joseph
en feutrine noire

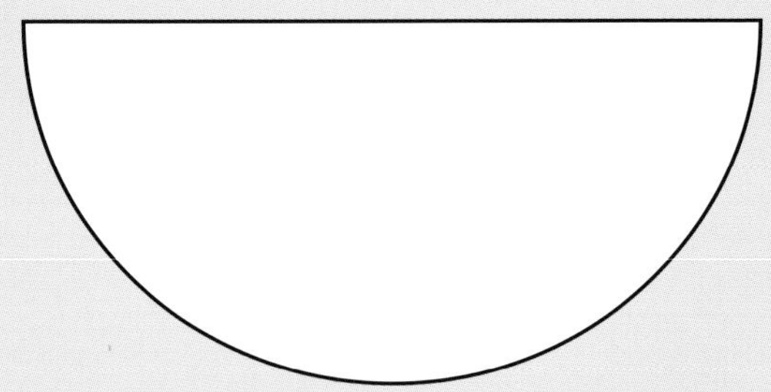

Foulard de Marie en organdi bleu
diamètre: 6,5 cm

l'enfant Jésus

échelle: 100 %

Crèche lumineuse en bonbonnes

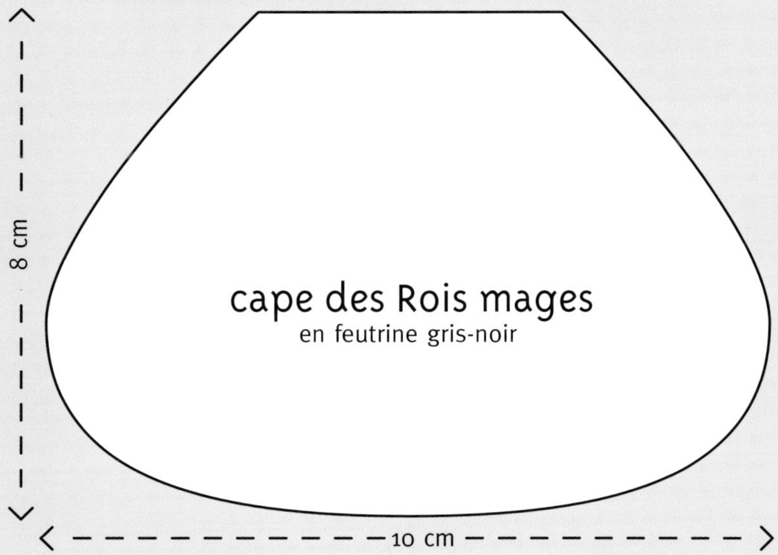

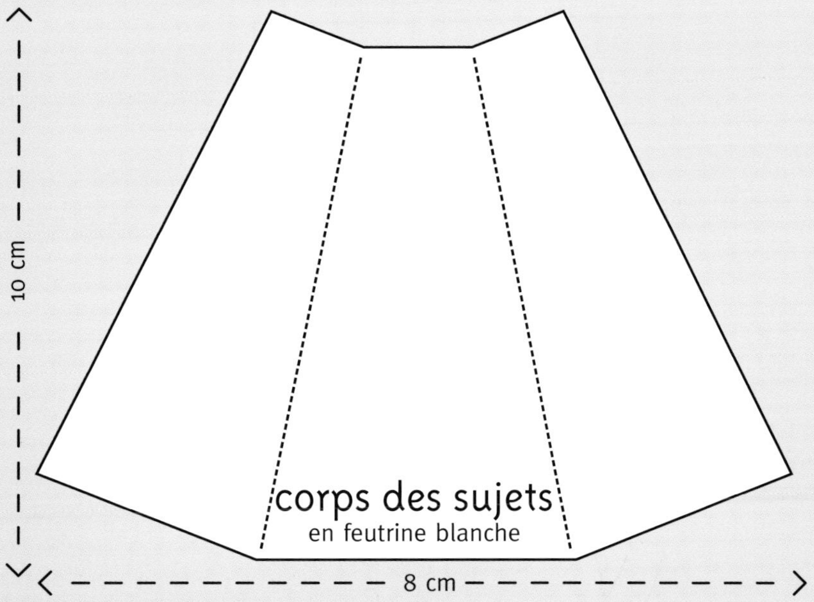

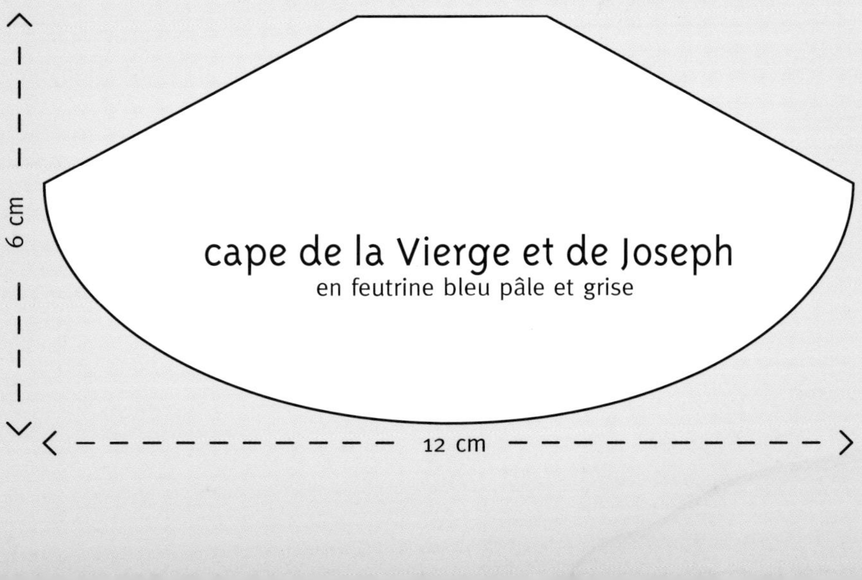

échelle: 100 %

Le tryptique des Rois Mages

échelle: 40 %

Manège pour les anges

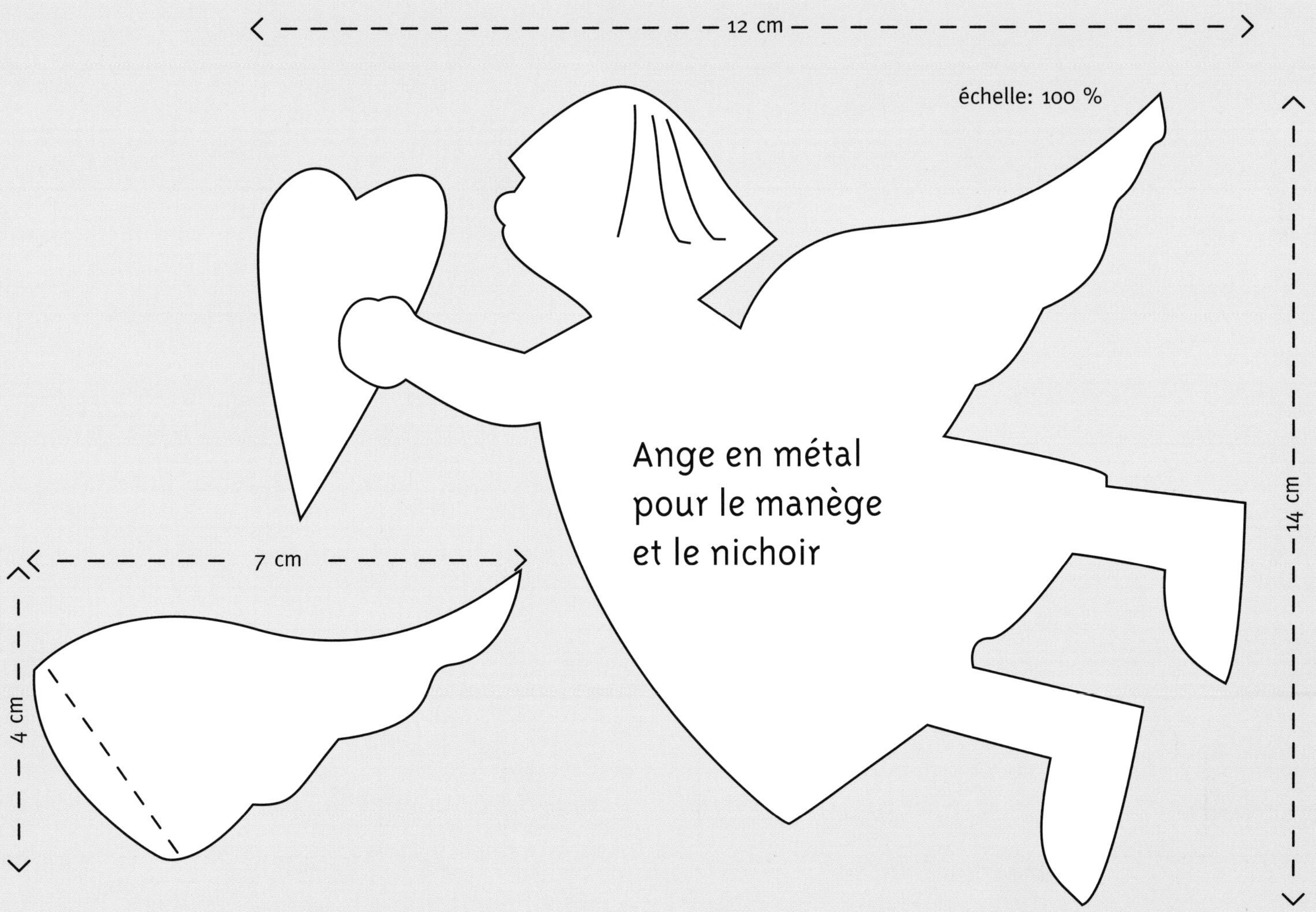

Ribambelles de la forêt

échelle: 100 %

échelle: 100 %

échelle: 50 %

échelle: 50 %

Cœurs habités

échelle: 50 %

échelle: 50 %

échelle: 50 %

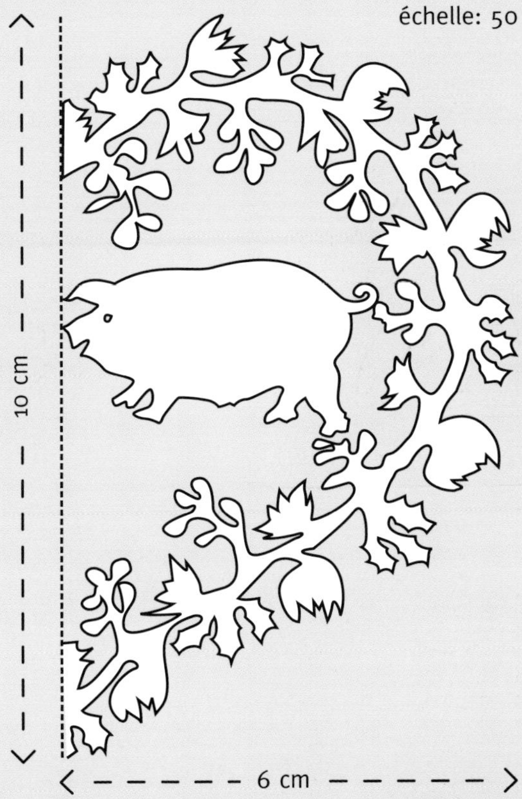

échelle: 50 %

Ribambelles de lutins

échelle: 70 %

échelle: 70 %

L'ourson

échelle: 100 %

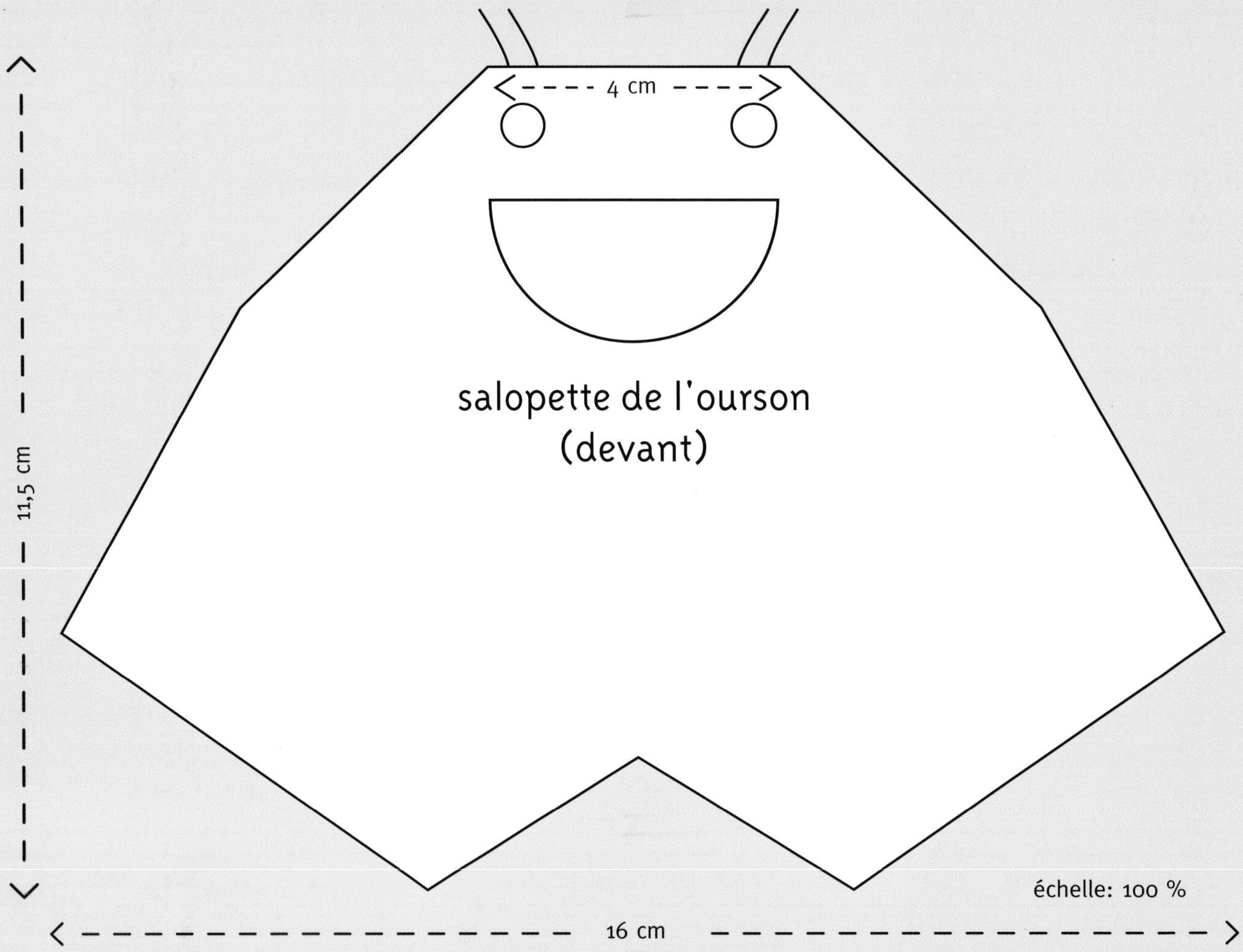
4 cm
salopette de l'ourson
(devant)
11,5 cm
échelle: 100 %
16 cm

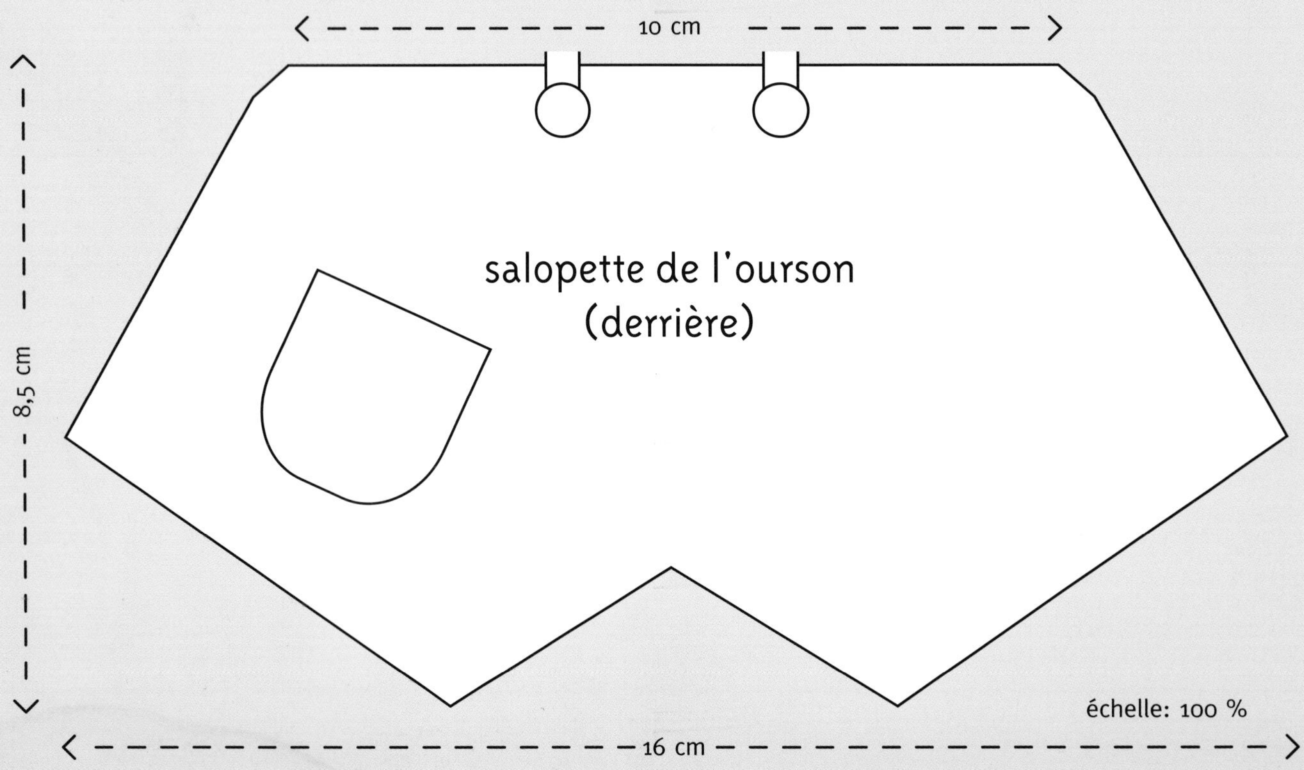
10 cm
salopette de l'ourson
(derrière)
8,5 cm
échelle: 100 %
16 cm